寒冷地区橡胶改性沥青及沥青混合料设计与施工技术

杨三强　刘　娜　黄　勇　编著
郝培文　方有亮　主审

人民交通出版社股份有限公司
China Communications Press Co.,Ltd.

内 容 提 要

在我国寒冷地区公路建设中，把废旧橡胶粉作为一种外掺材料添加到基质沥青中，不但能够提高沥青与混合料的技术指标，而且还能提升路面低温抗开裂性能，延长使用寿命，降低建设成本。本书重点分析了寒冷地区掺废旧胶粉的改性沥青作用机理、寒冷地区橡胶粉材料技术参数、寒冷地区橡胶改性沥青混合料配合比设计、寒冷地区橡胶改性沥青路面路用性能以及寒冷地区橡胶沥青路面施工工艺。本书提出了寒冷地区橡胶改性沥青混合料设计与施工技术，该技术为寒冷地区橡胶改性沥青及沥青混合料设计与施工提供了理论支撑。

本书可供高等院校道路工程相关专业师生以及科研单位工程设计和管理人员参考使用。

图书在版编目(CIP)数据

寒冷地区橡胶改性沥青及沥青混合料设计与施工技术/杨三强，刘娜，黄勇编著. —北京:人民交通出版社股份有限公司，2017.6

ISBN 978-7-114-13656-6

Ⅰ.①寒… Ⅱ.①杨… ②刘… ③黄… Ⅲ.①沥青拌和料－沥青路面 ②改性沥青－建筑材料 Ⅳ.①U416.2 ②TE626.8

中国版本图书馆 CIP 数据核字(2017)第 023907 号

书　　名：寒冷地区橡胶改性沥青及沥青混合料设计与施工技术
著 作 者：杨三强　刘　娜　黄　勇
责任编辑：李　瑞　牛家鸣
出版发行：人民交通出版社股份有限公司
地　　址：(100011)北京市朝阳区安定门外外馆斜街 3 号
网　　址：http://www.ccpress.com.cn
销售电话：(010)59757973
总 经 销：人民交通出版社股份有限公司发行部
经　　销：各地新华书店
印　　刷：北京盈盛恒通印刷有限公司
开　　本：720×960　1/16
印　　张：10
字　　数：177 千
版　　次：2017 年 6 月　第 1 版
印　　次：2017 年 6 月　第 1 次印刷
书　　号：ISBN 978-7-114-13656-6
定　　价：50.00 元

前　言

我国北方大部分地区降水稀少、太阳光辐射强、紫外线高、日照充沛、风沙大，夏季高温、冬季低温，昼夜温差与季节温差较大。特殊复杂的气候环境对沥青路面建设提出了严峻考验。调查表明，目前我国北方地区不同等级公路（高速公路及一级、二级公路）因半刚性基层反射裂缝、太阳光紫外线辐射、大温差、重荷载交通等导致的路面开裂、膨胀、车辙以及疲劳老化变形病害占到病害总数的70%以上，且近些年仍有扩大的趋势。治理沥青路面早期病害，延长道路使用寿命，降低与节约建养费用，具有重要的现实意义。

将废弃橡胶粉作为一种外掺材料添加到基质沥青中，不但能够提高沥青与混合料的技术性能，而且能提升路面使用性能，延长路面使用寿命，降低养护成本，使得有限的资源得到最大化利用，减少环境污染，有利于实施可持续发展战略。首先，橡胶沥青作为新型的路面材料，不仅具有优良的高温性能、低温性能、抗老化性能，而且具有抗滑、降噪等显著优势；其次，橡胶沥青路面可以提升紫外线作用下的抗老化性能、减缓反射裂缝病害；最后，橡胶沥青作为一种廉价、使用方便的胶结料，不仅用于上面层，也可用于中、下面层或其他路面结构，施工和易性与其他改性沥青相当。基于此，在大温差、高强紫外线地区采用橡胶沥青作为路面筑路材料，具有较强的可操作性与推广性。

本书依托河北大学中西部能力提升工程项目，结合中国西部地区G216线吐乌大高等级公路幸福路口至甘河子段橡胶沥青罩面工程项目、G217线克白快速路橡胶沥青SMA路面建设项目以及国高网G30$_{12}$阿喀高速公路橡胶沥青路面科技示范建设项目研究内容，重点针对掺废旧橡胶粉的改性沥青作用机制与路用性能分析，高性能橡胶粉材料技术参数分析，高性能橡胶沥青技术参数试验分析，高性能橡胶沥青混合料配合比设计，高性能橡胶沥青路面路用性能研究以及大温差、高性能橡胶沥青路面施工工艺进行系统阐述，最终提出适用于我国北方地区高性能橡胶沥青路面材料设计与评价技术理论，该理论为高性能橡胶沥青路面材料设计与评价提供技术支撑。

作　者

2016 年 10 月

目　录

第一章　绪　　论

伴随经济的快速发展，人民生活水平的不断提高，汽车行业快速发展，汽车保有量迅速增加，产生了大量废旧轮胎，而且数量逐年递增。据世界卫生组织统计，世界废旧轮胎积存量已达 30 亿条，并且以每年 10 亿条的数量增长。我国废旧轮胎的产生量位居世界第二，仅次于美国。据相关部门统计，2008 年我国废旧轮胎的产生量大约在 740 万吨，2013 年已超过 1 000 万吨。预估计，到 2020 年废旧轮胎的产生量将达到 2 000 万吨左右。这些废旧轮胎大量堆放，会占用有限的土地资源，容易引起火灾，污染环境，滋生蚊虫，传播疾病，危害人类健康。如何使这些废旧轮胎变废为宝、化害为利，实现合理、有效的利用，是我们亟待解决的问题。

本书结合中国西部地区 G216 线吐鲁番—乌鲁木齐—大黄山高等级公路幸福路口至甘河子段橡胶沥青罩面工程项目、G217 线克拉玛依至白碱滩快速路橡胶沥青 SMA 路面建设项目以及国高网 $G30_{12}$ 阿克苏至喀什高速公路橡胶沥青路面科技示范建设项目研究内容，重点针对掺废旧橡胶粉的改性沥青作用机制与路用性能分析；高性能橡胶粉材料技术参数分析，高性能橡胶沥青技术参数试验分析；高性能橡胶沥青混合料配合比设计，高性能橡胶沥青路面路用性能研究以及大温差、高性能橡胶沥青路面施工工艺进行系统阐述，最终提出适用于我国北方地区高性能橡胶沥青路面材料设计与评价技术理论，该理论为高性能橡胶沥青路面材料设计与评价提供技术支撑。

依托交通运输部西部科技项目“S108 线乌鲁木齐—五家渠开展了掺加橡胶颗粒的沥青路面降噪试验研究”，通过对橡胶沥青及沥青混合料的试验，提出了不同气候区、不同土基等级和不同交通等级公路半刚性基层沥青路面的典型结构及设计指南。根据气候综合影响系数，确定了半刚性基层沥青路面结构及设计指南。根据气候综合影响系数确定半刚性基层沥青路面结构及厚度方法、关键技术指标。该成果已在公路设计、养护施工中开始应用，对于高等级公路，每公里平均节省造价 25. 5 万元左右，经济效益显著。

依托新疆交通运输厅科技项目“G216 线吐鲁番—乌鲁木齐—大黄山高等级公路幸福路口至甘河子段橡胶沥青罩面工程研究”课题，通过野外调研、试验以及依托工程观测分析，提炼出工程材料差异，编制出北方地区橡胶沥青路面选材与指标设计指南，该成果可科学指导大温差地区路面筑路材料设计及施工。

依托中石油科技项目“G217 线克拉玛依至白碱滩快速路橡胶沥青 SMA 路面建设咨询研究项目”课题和新疆交通运输厅科技项目“新疆 $G30_{12}$ 阿克苏至喀什高速公路橡胶沥青路面科技示范研究项目”，通过野外调查、集料与结合料指标试验以及在 G30 线赛里木湖—果子沟高速公路、G217 线天山公路（独山子—库车段）改造工程中的较好应用，充分证明该成果可科学指导寒冷地区橡胶沥青路面筑路材料设计及施工。

依托河北省教育厅重点科技项目“掺加废弃橡胶材料的低油石比、低能耗道路改性沥青机制与试验研究”课题、河北大学中西部能力提升工程项目“掺加废弃橡胶材料循环利用的环保型道路改性沥青机制与试验研究”，系统分析了高性能橡胶沥青及沥青混合料设计与评价技术理论。

基于上述橡胶沥青路面设计方法、材料指标、配合比设计、病害类型、病害处置措施、橡胶沥青面层施工工艺及质量控制等相关研究基础，本书重点结合我国北方地区气候特点，就高性能橡胶沥青及沥青混合料设计与评价技术理论进行系统分析，具体从以下七点进行阐述：

1. 掺废旧橡胶粉的改性沥青作用机制及路用性能分析

（1）掺废旧橡胶粉的改性沥青性能概述。

（2）掺废旧橡胶粉的改性沥青作用原理。

（3）路面低温性能改善分析。

（4）路面高温性能改善分析。

（5）路面抗疲劳性能改善分析。

2. 路用橡胶粉原材料技术指标分析

（1）橡胶粉纤维含量技术指标分析。

（2）橡胶粉天然橡胶含量技术指标分析。

（3）橡胶粉炭黑含量技术指标分析。

（4）橡胶粉粒径对橡胶沥青性能的影响分析。

（5）物理指标。

3. 寒冷地区橡胶沥青技术参数试验分析

（1）气候环境与沥青指标关系；

（2）国外橡胶沥青技术指标；

（3）寒冷地区橡胶沥青的技术指标；

（4）寒冷地区橡胶改性沥青感温性能分析；

(5)高紫外线抗老化抗重载的橡胶沥青性能分析。

4. 废旧胶粉的改性沥青混合料配合比设计

(1)橡胶改性沥青混合料配合比设计。
(2)充当集料功能的橡胶改性沥青混合料配合比设计。
(3)寒冷地区橡胶沥青混合料级配设计。

5. 掺加废旧轮胎橡胶材料的沥青路面路用性能研究

(1)充当集料功能的橡胶沥青路面路用性能分析。
(2)充当改性材料功能的橡胶沥青路面路用性能分析。
(3)不同级配下橡胶沥青混合料指标对比分析。

6. 寒冷地区高速公路路用橡胶改性沥青现场制备及工艺

(1)工程示范概况。
(2)橡胶沥青现场生产方案。
(3)橡胶沥青现场生产工艺。
(4)橡胶沥青现场生产指标测试。

7. 掺加废旧轮胎橡胶材料的沥青路面施工工艺

(1)废旧橡胶粉改性沥青混合料搅拌工艺。
(2)橡胶颗粒沥青路面摊铺与压实工艺。
(3)橡胶沥青路面碾压工艺。

第二章　掺废旧橡胶粉的改性沥青作用机制及路用性能分析

废旧橡胶粉改性沥青是改性沥青的一种,它是以高温基质沥青作为废旧橡胶粉的分散剂,将一定剂量的橡胶粉、其他化学助剂与沥青在高温条件下混溶制成的一种道路材料。废旧橡胶粉的掺入改善了沥青的高低温性能及抗老化性能,提高了沥青的路用性能指标。根据美国材料实验协会(ASTM)在它的术语标准 D8 中的定义,橡胶沥青(Asphalt Rubber,简称 AR)是基质沥青、回收废旧轮胎橡胶和某些添加剂混合而成的胶结料,其中废旧橡胶粉成分至少占到结合料总量的 15%,并且与高温基质沥青充分反应,橡胶颗粒产生溶胀。研究表明,橡胶粉与高温基质沥青反应中相互作用决定橡胶沥青的性能,在反应中物理作用与化学作用共存,在这种双重作用下,橡胶沥青结合料获得良好的路用性能。本研究对掺废旧橡胶粉的改性沥青性能进行概述,对其作用原理进行分析,并结合实际情况,对橡胶沥青各方面性能的研究状况作一简述。

第一节　掺废旧橡胶粉的改性沥青性能概述

研究表明,废旧橡胶粉的加入可以明显改善沥青的高温性能、低温性能和抗老化性能等。

1. 高温性能

废旧橡胶粉的掺入,使得沥青材料的性能发生明显的变化,突出表现为针入度降低,软化点高,黏度提高,弹性恢复性能明显增强,这些表明废旧橡胶粉改性沥青的高温性能提高。沥青高温稳定性提高,对高温环境下路面的使用性能有所改善,主要表现在车辙、拥包等现象有所减少。

我国一般采用针入度、软化点、延度、弹性恢复、黏度评价废旧橡胶粉改性沥青的性能,其中黏度是橡胶沥青高温性能最重要的评价指标。研究表明,黏度随废旧橡胶粉掺量的增加而提高,相对较粗的废旧橡胶粉改性沥青,可提高路面抗车辙能力。这主要是因为废旧橡胶粉的掺入,改变了沥青的流动性,使得沥青黏度提高,变得不易流动，再加上橡胶粉本身所具有的弹性，在高温环境下，路面的抗车辙性能有所提高。

随着经济的发展，我国对路面性能提出了更高的要求，参照美国于1992年完成的战略公路研究计划SHRP对沥青结合料进行评价。为研究不同废旧橡胶粉掺量对高温性能的影响，大连理工大学采用动态剪切流变仪测定不同废旧橡胶粉改性沥青的复剪切模量 G^* 和相位角 δ，计算得到车辙因子值（$G^*/\sin\delta$）。试验采用壳牌70号作为基质沥青，在沥青中加入15%、18%、21%及24%的胶粉，在175~185℃的温度下剪切搅拌制备橡胶沥青。图2-1是不同温度下测得的橡胶沥青车辙因子。

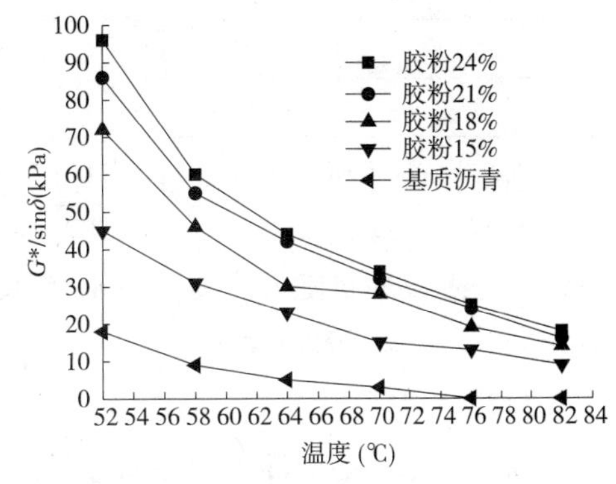

图2-1 橡胶沥青的车辙因子

从图2-1可以看出，与基质沥青相比，在同一温度下废旧橡胶粉改性沥青的车辙因子均提高了很多，这说明掺加废旧橡胶粉改性的沥青高温抗车辙性能大大提高。在同一温度下，随废旧橡胶粉掺量的增加，其车辙因子的值也相应增大。但是，随着温度的增高，同一种废旧橡胶粉改性沥青的车辙因子降低。

2. 低温性能

在我国针入度分级评价体系中，延度能反映沥青材料的低温性能。而废旧橡胶粉改性沥青的延度具有一定的局限性，随着废旧橡胶粉的掺入，沥青的延度随掺量的增加而降低，但这不能说明废旧橡胶粉改性沥青的低温性能不好，其延度降低是由于受到废旧橡胶粉颗粒的干扰。研究表明，废旧橡胶粉改性沥青具有很好的低温柔韧性，用相对较细的废旧橡胶粉制备改性沥青，其柔韧性更好。

武汉工业大学对不同废旧橡胶粉掺量的改性沥青的低温延度进行了试验比较，研究所采用的基质沥青为中海70号，废旧橡胶粉为40目，在180℃高温下经高速剪切1h，再搅拌30min使其发育。橡胶沥青的试验结果见表2-1。

从表2-1可以看出，废旧橡胶粉改性沥青的软化点随废旧橡胶粉掺量的增加而增大，废旧橡胶粉改性沥青的低温柔韧性优于基质沥青。延长搅拌时间也能使延度有所增加，但是胶粉的掺量达到20%时，低温性能的改善已达到极限。

研究表明：采用不同的基质沥青制备的废旧橡胶粉改性沥青，其低温性能有所差异，这可能与它们的相容性有一定的关系，同时与沥青的组分也有一定的关系。

对于芳香烃含量高的基质沥青,所制备的废旧橡胶粉改性沥青其低温延度比较大。

橡胶粉掺量对橡胶沥青的性能影响(武汉工业大学) 表 2-1

橡胶粉掺量(%)	软化点(℃)	5℃延度(cm)	针入度(0.1mm)	弹性恢复(%)
0	48.0	6.0	67.2	—
15	51.4	12.0	68.4	60
20	52.9	18.5	71.8	64
25	57	18.4	66.4	65
30	59.8	19.7	65.2	54

刘施岐通过 SHRP 试验对废旧橡胶粉改性沥青的低温性能进行了研究。研究采用弯曲梁流变试验来评价橡胶沥青的低温抗裂性能,试验结果表明,废旧橡胶粉改性沥青劲度模量随温度变化较小,温度敏感性小,低温劲度模量远低于一般 SBS 改性沥青,低温抗裂性能优异。

3.抗老化性能

沥青老化是一个逐步发展的过程,它的速率直接影响路面的使用寿命,也是影响路面耐久性的主要因素。

表 2-2、表 2-3 分别为交通运输部公路科学研究院和同济大学测试不同橡胶沥青老化前后的结果。从旋转薄膜烘箱前后的针入度比可以看出,橡胶沥青老化后的针入度比大于基质沥青,且都大于 75%;其老化后的延度比较基质沥青大大提高;老化后的弹性恢复也大于 80%;老化后橡胶沥青的黏度提高;软化点比基质沥青低,说明橡胶沥青的抗老化性能优于基质沥青。

薄膜烘箱前后沥青指标 表 2-2

项　　目	温度(℃)	SK AH-70 号	SK AH-70 号 +5%	SK AH-70 号 +10%	SK AH-70 号 +15%	试验路 SK AH-70 号 +15%
针入度(0.1mm)	15	—	18.5	19.0	17.0	17.7
	25	60.75	50.3	60.3	61.7	51.0
	30	—	82.5	95.3	99.7	79.0
PI	—	—	-0.49	-1.07	-1.66	-0.59
T1.2(℃)	—	—	-12.6	-10.6	-7.4	-11.8
T800(℃)	—	—	52.9	49.3	47.0	52.8
软化点(℃)	—	49.3	49.6	48.8	50.0	53.7

续上表

项　　目		温度(℃)	SK AH-70 号	SK AH-70 号 +5%	SK AH-70 号 +10%	SK AH-70 号 +15%	试验路 SK AH-70 号 +15%
延度(cm)		5	—	—	—	—	12
		15	>100	18	25	28	—
弹性恢复		25	17%	30%	42%	36%	67%
黏度(m^2/s)		135	4.24×10^{-4}	6.69×10^{-4}	8.12×10^{-4}	1.31×10^{-3}	2.21×10^{-3}
TFOT 后	质量损失(%)	—	0.00	0.06	0.05	0.14	0.12
	针入度比(%)	25	70.0	75.1	72.9	76.2	96.1
	延度比(%)	15	31.6	81.8	62.8	70.8	98.3
	弹性恢复比(%)	25	—	92.6	80.8	101.4	60.0
	黏度比(%)	135	116.2	103.7	133.7	111.0	123.9

旋转薄膜烘箱后的指标　　表 2-3

项　　目	70 号基质沥青	SBS	80-10M	80-17J	120-17J
TFOT 针入度比(%)	74.2	87.5	96.5	94.4	81.5
TFOT 黏度比(%)	137.9	182.6	222.2	210.7	133.7
TFOT 软化点比(%)	111.7	98.0	110.8	103.4	106.4

黄文远等人以辽河沥青为基质沥青,以废旧橡胶粉为改性剂,以糠醛抽出油为调和剂,制作废旧橡胶粉改性沥青,采用失重系数法研究基质沥青与废旧橡胶粉改性沥青的抗老化性能。研究表明,废旧橡胶粉改性沥青的抗老化性能明显优于基质沥青。

第二节　掺废旧橡胶粉的改性沥青作用原理

一、原材料组成

1. 基质沥青

沥青不是单一的物质,而是由多种化合物组成的混合物,成分极其复杂。但从化学元素含量分析，其主要由碳(C)、氢(H)两种化学元素组成，其中，碳的含量为83% ~87%，氢为11% ~14%，故又称为碳氢化合物。此外，沥青中还含有少量的硫(S)、氮(N)、氧(O)，以及一些金属元素钠(Na)、镍(Ni)、铁(Fe)、镁(Mg)和钙(Ca)等，它们以无机盐或氧化物的形式存在，约占5%。

科研人员在研究沥青化学组成的同时，利用沥青对不同溶剂的溶解性，将沥青分离成几个化学成分和物理性质相似的部分，这些部分称为沥青的组分。沥青中各组分的含量和性质对沥青的黏滞性、感温性、黏附性等化学性质有直接的影响。

根据试验方法的不同，沥青可以分离成以下几种组分：

(1)二组分：沥青分为沥青质和可溶质(软沥青质)两种组分。

(2)三组分：沥青分为沥青质、油分和树脂三种组分。

(3)四组分：沥青分为沥青质、饱和分、芳香分和胶质四种组分。

(4)五组分：按罗斯特勒提出的分离法，沥青可分为沥青质、氮基、第一酸性分、第二酸性分和链烷分五种组分。

我国目前广泛采用四组分分析方法，该法已于1978年列入美国材料试验协会(ASTM)推荐方法。沥青的四组分为沥青质、饱和分、芳香分和胶质。

(1)沥青质：沥青质是复杂的芳香物材料，分子量在1 000 ~100 000之间，在沥青中的含量一般为5% ~25%，具有很强的极性。沥青质的含量对沥青的黏度、温度稳定性、流变性能有很大的影响。

(2)胶质：胶质是棕色的固体或半固体的黄色至褐色的黏稠状物质，分子量在500 ~50 000之间，在沥青中的含量为15% ~30%，其极性极强，这一特性使得胶质具有很好的黏附力。它是沥青质的扩散剂同时也是胶溶剂，胶质与沥青质的比例在一定程度上决定了沥青的胶体结构，即沥青是溶胶型或凝胶型。胶质赋予沥青以可塑性、流动性和黏结性，对沥青的延性、黏结力有很大的影响。

(3)芳香分：芳香分占沥青总重的40% ~60%，平均分子量在300 ~2 000内，是深棕色的黏稠液体，由非极性的碳链组成，对其他高分子烃类具有很强的溶解能力。芳香分是胶溶沥青质的主要分散介质，对沥青质和胶质有很强的溶解能力。

(4)饱和分：饱和分在沥青中占5% ~20%，由直链烃和支链烃组成，平均分子量为300 ~600，是非极性稠状油类，其主要成分包括蜡质及非蜡质的饱和分，饱和分含量高会使沥青的黏度降低。我国大部分沥青来自于石蜡基原油，基质沥青中蜡含量较高，石蜡对沥青的温度敏感性有较大影响，使得沥青高温易变形，低温易开裂，同时还影响沥青与石料的黏附性能。

2. 废旧轮胎橡胶粉

道路工程中所用的废旧橡胶粉是指熟橡胶粉,同时也称作硫化橡胶。硫化橡胶与生橡胶的主要区别在于硫化橡胶中的分子形成网链结构,整个一块橡胶可以看成是由许多分子网链构成的三维空间立体结构。这种结构一般条件下十分稳定。胶粉就是由这种空间网络结构组成的。但胶粉的结构与轮胎的结构又有区别:

(1)在体积上,胶粉的空间网络结构较轮胎要小得多,整个轮胎可以看成是由一个空间网组成。

(2)在内部结构上,胶粉是经过化学或机械加工制成,所以其空间网络结构中的 S—C 键有部分被破坏,交联密度降低,不如轮胎中的网络完整。

(3)在表面上,轮胎经过粉碎以后制成的胶粉,其表面不如轮胎光滑,由于经过化学或机械作用,胶粉的表面是由空间网络破坏后形成的网络端组成的,其表面呈不规则的毛刺状且布满微观裂纹。

二、废旧橡胶粉改性沥青作用原理

废旧橡胶粉与沥青之间的相互作用是一种十分复杂的现象,目前的研究成果主要有物理共混说、化学共混说、网络填充说等。各自的研究学说都有其特点,但都涉及橡胶沥青反应机制,橡胶沥青反应机制如图 2-2 所示。

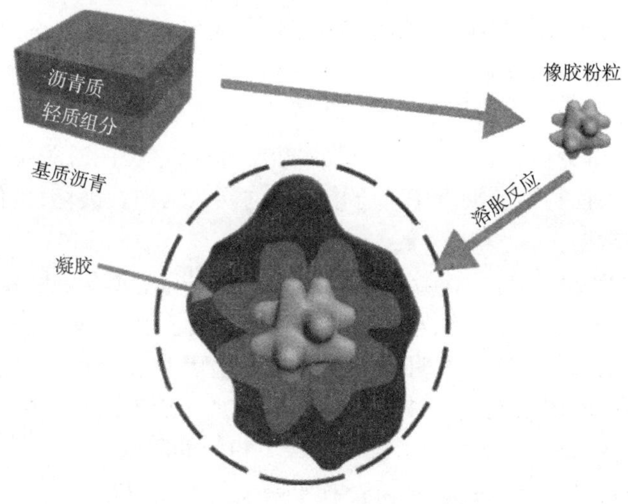

图 2-2　橡胶沥青反应机制

1. 物理共混说

旧胶粉与高温基质沥青的物理作用主要表现在橡胶粉的溶解及吸附溶胀、橡胶粉颗粒的增强与填充作用。

沥青分为沥青质、饱和分、芳香分和胶质四个组分，橡胶粉是一种固态的高分子聚合物，因为橡胶粉与沥青具有相似的结构形态和极性，所以两者有很好的相容性。胶粉在沥青中的溶解并不是像布朗运动一样，分子不停地扩散，最终溶解，而是在沥青中分散成丝状与沥青质胶团均匀地分布在沥青油分中，油分中的蜡组分逐渐扩散进入到橡胶链段空隙中，使橡胶链松动、脱离，发生部分溶解。沥青中芳香分和饱和分是轻质油分，在高温、机械力的作用下，橡胶粉会吸收基质沥青中的轻质油分，体积逐步变大，产生溶胀。橡胶粉与沥青混合后，在两者物理改性作用下，由于橡胶粉吸收了沥青中的低分子油分，使沥青变得具有黏性，再加上橡胶粉本身是固体颗粒，具有很好的热稳定性，不易流动，加入到基质沥青后，使沥青的流动性下降、弹性性能增强，从而改变基质沥青的性能。

2. 化学共混说

橡胶粉是黏性体（天然橡胶和人工合成橡胶）与硫化剂（硫、过氧化物等）、硫化活化剂（硬脂酸等）、炭黑、油分、增塑剂和添加剂（抗氧化剂、抗臭氧剂等）等发生化学变化，形成的弹性体。因为橡胶粉是固体颗粒，形状不规则，所以在与沥青充分混合时，需要不停搅拌，这样使高温机械搅拌后的溶胀橡胶颗粒均匀地悬浮分散在沥青中，不会导致胶粉出现离析或者抱团的现象。

在高温基质沥青与橡胶粉溶胀、反应的过程中，伴随有胶粉颗粒的脱硫和解聚，高温搅拌时，原本巨大的橡胶分子结构发生适度氧化解聚，最后变成许多连续的网状结构和小部分链状物，使得胶粉获得塑性和黏性，但同时脱硫和降解增加了沥青本身的黏度，使得橡胶沥青中部分橡胶粉的网状结构被破坏，也使得部分橡胶粉失去原有的弹性。

Navarro 等将橡胶沥青和橡胶粉分别溶于四氢呋喃，试验结果表明，所得到的不溶物为含炭黑的硫化链状物；橡胶粉有 89% 的不溶物，而橡胶粉改性沥青约有 85% 的不溶物（表 2-4），这就说明不溶物的减少是因为橡胶粉与基质沥青在混合过程中发生了脱硫、解聚反应，使得橡胶粉颗粒变小，溶解于沥青中。由此说明，橡胶沥青的流变性能是受已溶橡胶粉和不溶橡胶粉的共同影响。对滤出不溶物的沥青进行试验发现，其黏弹性较基质沥青有所增强。然而，机械谱图的流动区表明，高温时不溶的橡胶粉对沥青黏弹性的影响更为显著，能明显提高沥青的黏弹性，改变沥青的性能。

橡胶沥青经处理后的不溶橡胶粉数据　　表 2-4

样　　品	不溶胶粉(%)	样　　品	不溶胶粉(%)
0.10mm	85	0.63mm	85
0.29mm	86	0.74mm	86
0.35mm	85	未与沥青混合的橡胶粉	89

3. 网络填充说

网络填充是指将橡胶粉加入沥青中后，橡胶粉颗粒受到沥青油分和芳香分的作用而被分开，发生溶胀和部分溶解过程；随后是扩散或溶胀团粒的分散过程，最终橡胶粉以微粒或丝状随机分布在沥青基体中。废轮胎胶粉颗粒在改性沥青体系中起着增强作用；废轮胎胶粉颗粒体积小，数量多，在低温时它们与沥青基体的模量不同，可产生高度的应力集中，诱发大量银纹和剪切带，银纹和剪切带的产生和发展消耗大量的能量，而较大的橡胶粒子能防止单个银纹的生长和断裂，使其不致很快发展为破坏性裂纹，改善沥青的低温性能。同时，一定掺量下，粗的废胎胶粉颗粒可以形成骨架结构，因此可以提高沥青的弹性恢复能力。

三、现场生产废旧橡胶粉改性沥青作用原理分析

现场生产借助于香港君达集团引进的美国 D&H EQUIPMNT, LTD 制造的橡胶沥青生产设备(图 2-3)，该设备控制系统主要采用了西门子 PLC、变频器传动、人机界面以及工业以太网等。燃烧加热系统主要采用了导热油加热和柴油燃烧器加热两种方式，能很好地满足橡胶沥青生产对温度的要求和控制。检测系统主要采用了精密的液位、温度、压力、流量等传感器，能有效保证橡胶沥青生产的质量。采用卧式剪切罐，确保废旧橡胶沥青充分发育，并且前后罐分开，使得生产与发育同时进行，保证生产效率。

图 2-3　橡胶沥青生产设备及卧式剪切罐

现场生产所采用的基质沥青为克拉玛依90号重载道路石油沥青，废旧橡胶粉为40目，在180℃高温下掺入外掺剂制备废旧橡胶粉改性沥青（图2-4）。本节从发育时间对废旧橡胶粉改性沥青性能的影响来分析其作用机制。

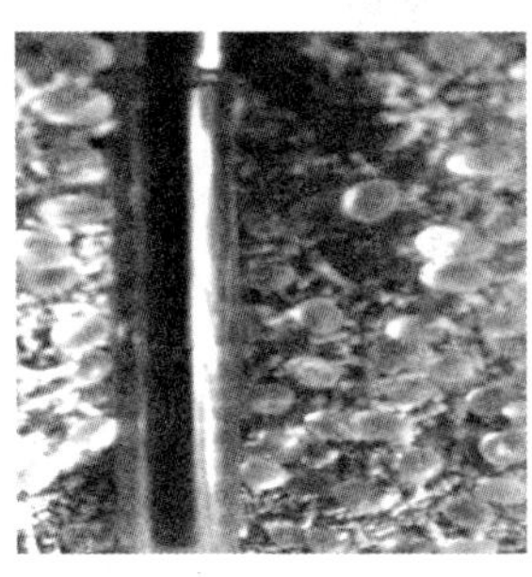

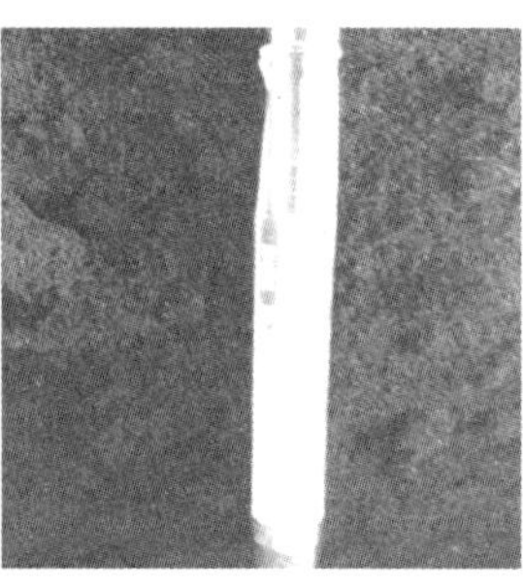

图2-4 现场生产原材料（外掺剂、40目废旧橡胶粉、基质沥青）

从图2-5～图2-8中可以看出，随着发育时间的增加，针入度增大，黏度先增大后变小，软化点基本保持不变，延度逐渐增大。这是因为180℃剪切搅拌下，废旧橡胶粉中硫键的断开和重组是同时进行的，废旧橡胶粉吸收沥青的能力极强，废旧橡胶颗粒体积迅速膨胀，颗粒之间发生相对移动越来越困难。此外，沥青中轻质组分被吸收后，自由沥青的黏度相应升高。溶胀达到一定极限后，脱硫和降解过程加速发展。脱硫造成维持不同橡胶分子共同作用的交联断裂，最终导致橡胶颗粒崩解，降解导致橡胶分子链断裂，橡胶分子量下降。轮胎橡胶脱硫后，力学性能下降，针入度增大，黏度降低，意味着橡胶性质彻底失去，对橡胶沥青路面的使用性能是不利的。

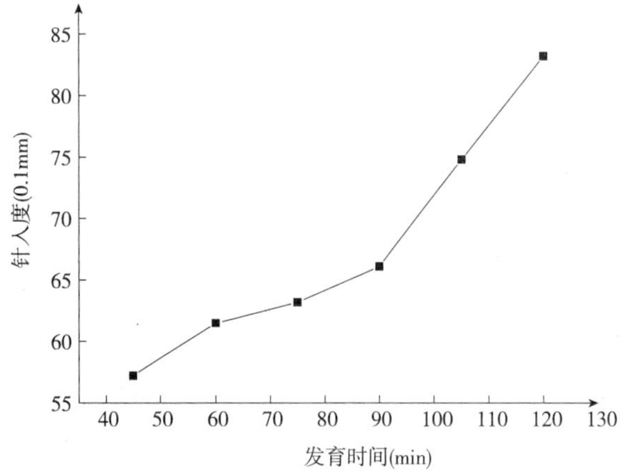

图2-5 针入度随发育时间变化图

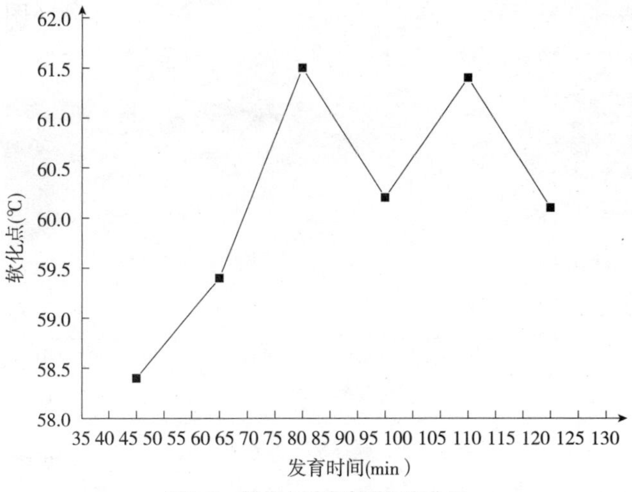

图 2-6　软化点随发育时间变化图

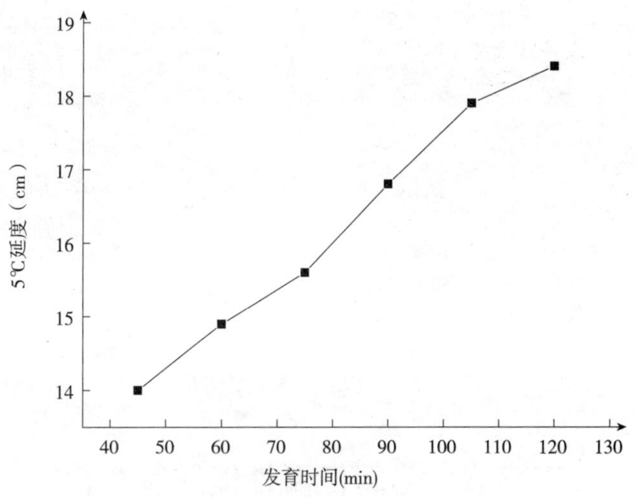

图 2-7　延度随发育时间变化图

橡胶颗粒吸收沥青中的油分而溶胀，部分橡胶颗粒恢复了其生胶的性质，使橡胶颗粒具有一定的黏性，并由原来的紧密结构变成相对疏松的絮状结构，制备后的溶胀橡胶颗粒能够较均匀地悬浮分散在沥青中（图 2-9），基质沥青也因部分油分被吸收而变得黏稠；这种混溶改性材料不仅保持了基质沥青材料的主要物理力学性质，恢复了橡胶材料部分生胶的黏性和可塑性，而且两者的共同作用也改变了基质沥青材料的物理特征、黏结性、感温性和耐久性，产生了改性效果。

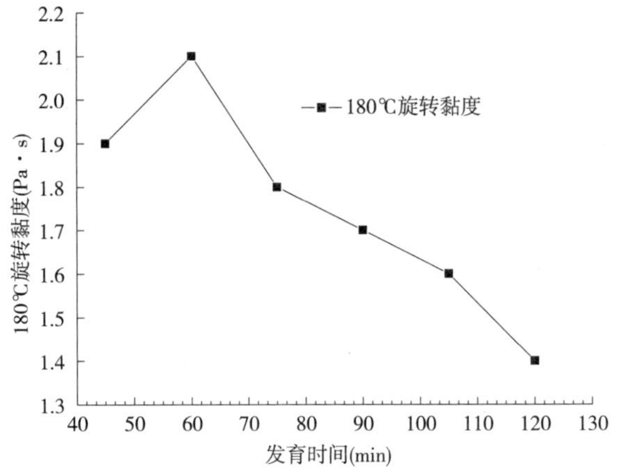

图 2-8　180℃旋转黏度随发育时间变化图

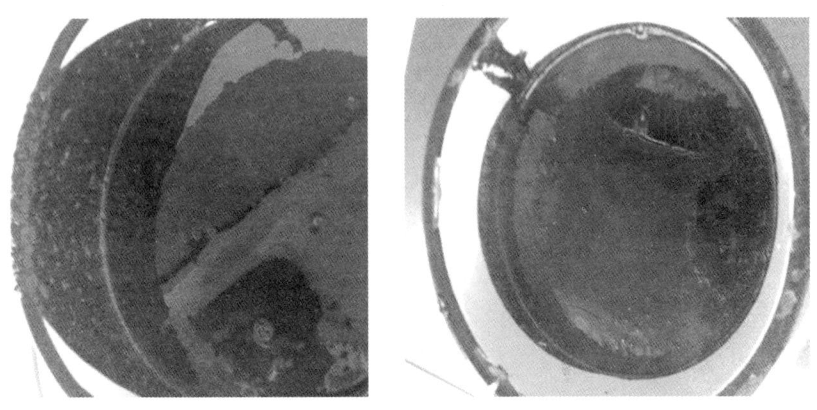

图 2-9　废旧橡胶粉改性沥青

第三节　路面低温性能改善分析

一、沥青混合料低温开裂机制分析

沥青在寒冷天气或者快速加载的情况下,会表现出弹性固体性状,加载时发生弹性变形;卸载时加回到原来位置。任何弹性变形都是可以恢复的,但如果荷载过大,弹性固体可能发生断裂。尽管沥青在低温下是一个弹性固体,但是会变得十分脆弱,荷载过大就会发生开裂,当沥青路面试图收缩时,会因为低温而受阻。

沥青结构层做路面面层时，一方面气温变化对其影响非常大，当温度下降时，沥青面层出现收缩变形，这种变形会受到基层对路面的摩阻力和路面无限连续板体对收缩变形的约束作用，使沥青面层内部产生拉应力。另一方面，沥青混凝土具有应力松弛性能，当给沥青混凝土一定的应变时，由此产生的应力会随时间延长而松弛，一般的温度变化范围内，温度降低而产生的拉应力，会由于应力松弛而使拉应力减小，将不产生出现裂缝那么大的应力。出现强对流天气时，由于降温速率较快将使路面内的应力来不及松弛，出现过大的应力积聚。与此同时，由于温度降低，沥青混合料的应力松弛模量逐渐增大，应力松弛能力降低，也导致应力积聚过大，待温度应力积聚到超过沥青混合料的极限抗拉强度时，路面就将出现裂缝，以便将应力释放出去。

低温裂缝是沥青路面破坏的主要形式之一。路面裂缝的危害一方面在于水分不断通过裂缝渗入基层，导致路面承载力降低；另一方面裂缝逐年加宽，致使路面平整度降低，破坏了路面的连续性、整体性以及美观性。沥青胶结料的低温抗变形能力在很大程度上取决于沥青材料的低温性质、沥青与矿料的黏结强度、级配类型以及沥青混合料的均匀性。除了采用合理的配合比、选用与沥青黏结良好的矿物集料和控制施工工艺外，可采用稠度低、塑性大的沥青来提高沥青混凝土的低温变形能力，因此采用橡胶沥青提高沥青路面的低温抗裂能力，已受到人们的广泛关注。

二、橡胶沥青混合料低温抗裂性能试验方法

国内外研究沥青混合料低温抗裂性能的试验方法主要包括：等应变加载的破坏试验（间接拉伸试验，弯曲、压缩试验）、直接拉伸试验、低温弯曲试验和半圆弯拉试验、受限试件温度应力试验、三点弯曲 J-积分试验、c^* 积分试验、收缩系数试验、应力松弛试验等。

三、低温弯曲试验

低温弯曲试验是国内外比较常用的沥青混合料低温抗裂性能评价方法。此次试验按照马歇尔试验确定的最佳油石比成型车辙试件，再将其切割成尺寸为 250mm（长）×30mm（宽）×35mm（高）的小梁。低温弯曲试验采用三分点加载，跨径 200mm，加载速率为 5mm/min，试验温度为 −10℃，每组 5 个试件。试验对比了基质沥青混合料及橡胶沥青混合料。具体试验结果见表 2-5。

新疆橡胶沥青混合料低温弯曲试验对比　　表 2-5

混合料 试验项目	克拉玛依 90 号沥青混合料	普通 SBS 改性沥青混合料	阿喀高速橡胶沥青混合料	克白路橡胶沥青混合料	吐乌大高速公路橡胶沥青混合料
抗弯拉强度(MPa)	—	—	11.3	10.03	8.58
弯拉应变	2 850	3 100	3 455	3 322	2 881
弯拉劲度模量(MPa)	—	—	2 980	3 043	3 254

从上述试验结果可以看出：

(1)加入橡胶粉的沥青混合料和 SBS 改性沥青混合料的低温弯曲性能比普通基质沥青均有所改善，但是橡胶沥青混合料的改善效果更加明显。加入橡胶粉后，沥青混合料的低温弯拉应变增加，劲度模量降低，抗弯拉强度增加，低温弯曲性能有所提高。这是由于橡胶粉具有柔性和弹性，使得橡胶粉混合料在低温状况下具有一定的柔性，改善了沥青混合料的低温抗裂能力。

(2)从表 2-5 中弯拉应变的数值看，天然胶含量较高的斜交胎显现出较好的性能。这是由于在低温状态下，沥青混合料的变形能力在很大程度上取决于沥青材料的低温性质、沥青与矿料的黏结强度。

(3)随着橡胶粉粒径的减小，沥青混合料的低温弯曲性能有所降低。最初将橡胶粉用于干拌法时，粒径较粗，在 20 目左右，使得混合料存在不易压实的问题，由于粒径大的橡胶粉颗粒较粒径小的颗粒明显具有柔性和弹性，致使 40 目的橡胶粉混合料低温弯拉应变最大。

从低温弯曲试验看出，掺加废旧橡胶粉的沥青混合料其低温性能较普通沥青混合料改善明显。

四、半圆弯拉试验

1. 制备半圆形试件

试验所用半圆形试件，由旋转压实仪成型直径 150mm 的试件切割而成，具体步骤为：将旋转压实仪成型好的试件冷却至室温，切除试件顶部和底部，保留中间部分，然后根据试验要求切割成需求的半圆形试件。本研究需要的试件厚度为 25mm 和 50mm 两种，制备过程中采用芬兰产的双面锯将试件切成试验要求的厚度，然后将圆形试件沿着直径方向切成两部分，就得到半圆形试件，如图 2-10 所示。

SCB(半圆弯拉)试验设备由底边的两个托轮和半圆弧中点的加载轮组成，采用滚轴作为加载条和托轮，这样可以减少摩擦。SCB 试验上部和下部加载环直径为10mm,两个托轮间的距离是SCB试样直径的0.8倍。本研究采用的SCB试件直径为150mm,所以两个托轮间的距离约为120mm。

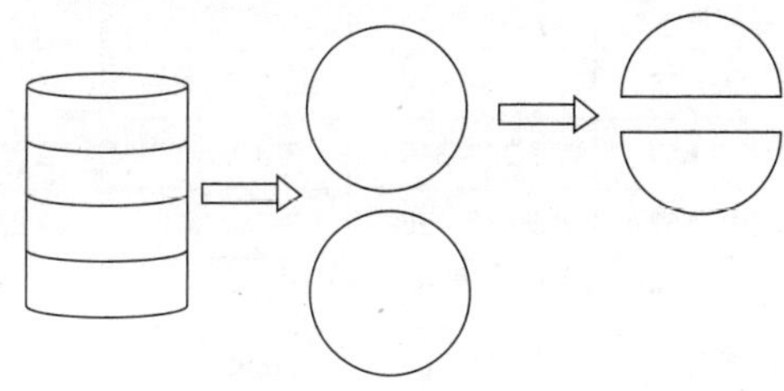

图2-10　半圆试件

2. SCB试验步骤

采用疲劳试验机进行SCB抗拉试验,试验级配选用AC-16,采用克拉玛依90号基质沥青制备橡胶沥青,以制备好的橡胶沥青作为结合料确定最佳沥青用量,在最佳沥青用量的基础上制备SCB试件,之后进行SCB试验,具体试验步骤如下:

(1)试验前,在将SCB试件在规定温度的环境箱中保温3h以上,使试件温度均匀,每组平行试验进行4次。

(2)SCB弯拉试验,与梁式试件的三点弯拉试验类似。首先要将半圆试件底边两个加载棒的间距调节为底边长度的0.8倍,方便计算试件底部中心位置的应力和应变。

(3)试验之前,为了使上加载棒与试件紧密接触,预加30N的荷载。启动试验机,以规定的加载速率向试件加载,直至破坏。荷载传输采用位移控制系统,以压力机压头的位移作为垂直变形。试验过程中需记录以下数据:荷载、加载位移、荷载-加载位移曲线图。根据SCB抗拉试验结果,计算各半圆试件的抗弯拉强度和断裂能密度。本试验选用连续级配AC-16,研究沥青用量、胶粉掺量和胶粉细度对橡胶沥青混合料抗弯拉强度和断裂能密度的影响。

连续级配AC-16,在3.7%、4.2%、4.7%、5.2%和5.7%五个沥青用量下进行SCB试验,其中橡胶粉掺量为20%,橡胶粉为40目,收集试验数据并计算试件的抗弯拉强度和断裂能密度,试验数据见表2-6。

由图2-11~图2-13可以看出,随着沥青用量增加,SCB试件的最大荷载、抗弯拉强度和断裂能密度具有相同的变化趋势,即随着沥青量的增加,试件的抗弯拉性能逐渐增加,在最佳沥青用量4.7%时达到峰值。之后由于沥青用量的增加,橡胶沥青混合料中自由沥青增多,表现出沥青混合料SCB试件最大荷载、弯拉强度和断裂能密度降低,反映沥青混合料试件的抗弯拉性能减小。

SCB 试验结果表 表 2-6

指标	试件个数	沥青用量				
		3.7%	4.2%	4.7%	5.2%	5.7%
最大荷载(N)	1	2 165.065	3 378.829	3 837.384	3 355.264	3 063.069
	2	2 271.659	3 287.319	3 699.617	3 366.746	2 956.191
	3	2 201.562	3 235.256	3 789.623	3 289.256	2 998.362
	4	2 186.236	3 201.428	3 896.253	3 324.568	3 023.125
	均值	2 206.131	3 275.708	3 805.719	3 333.959	3 010.187
变异系数		1.8%	2.0%	1.9%	0.9%	1.3%
弯拉强度(MPa)	1	2.809	4.383	4.978	4.353	3.974
	2	2.947	4.265	4.800	4.368	3.835
	3	2.856	4.197	4.916	4.267	3.890
	4	2.836	4.153	5.055	4.313	3.922
	均值	2.862	4.250	4.937	4.325	3.905
变异系数		1.8%	2.0%	1.9%	0.9%	1.3%
断裂能密度(kPa)	1	54.856	83.657	111.475	99.737	82.534
	2	51.976	89.871	104.748	94.204	80.984
	3	60.325	81.890	101.356	95.256	75.238
	4	54.782	77.321	105.325	96.258	73.267
	均值	55.485	83.185	105.726	95.614	78.006
变异系数		5.5%	5.4%	3.5%	2.9%	4.9%

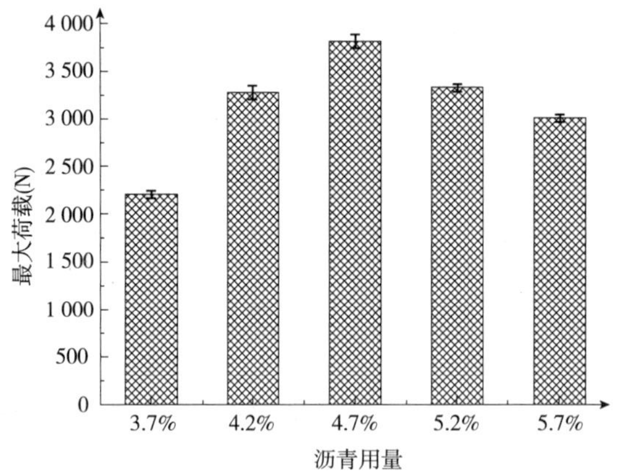

图 2-11 SCB 试验最大荷载与沥青用量关系图

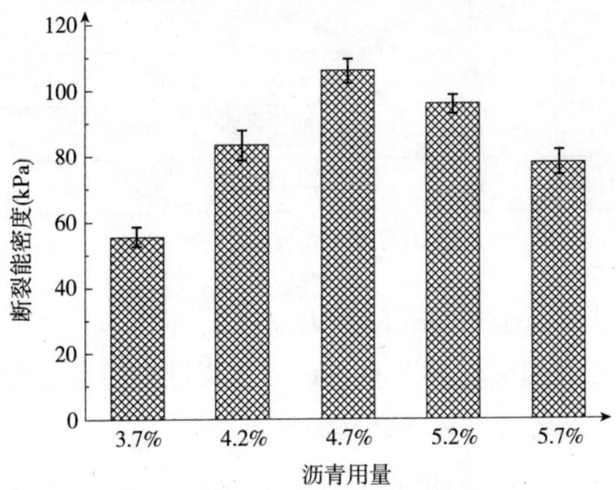

图 2-12　SCB 试验断裂能密度与沥青用量关系图

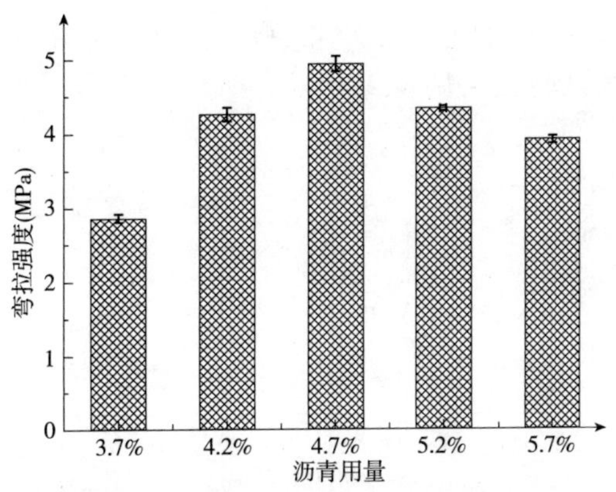

图 2-13　SCB 试验弯拉强度与沥青用量关系图

对不同沥青用量下的橡胶沥青混合料的 SCB 试件的弯拉强度和断裂能密度分别进行一元方差分析，结果见表 2-7。

一元方差分析表　　表 2-7

差异源	SS	DF	MS	F	P-value	F crit
组间	11.673 6	4	2.918 4	634.372	9.34E-21	2.866 1
组内	0.092 0	20	0.004 6	—	—	—
总计	11.765 6	24	—	—	—	—

续上表

差异源	SS	DF	MS	F	P-value	F crit
组间	5 823.291	4	1 455.822 7	83.651 9	4.53E-10	3.055 6
组内	261.050 1	15	17.403 3	—	—	—
总计	6 084.341 1	19	—		—	—

注：表中 SS 表示方差；MS 表示均方差；DF 表示自由度；F 表示统计量；P-value 表示显著性值；F crit 表示临界值。

表中数据均显示 F 大于 F crit，即认为沥青用量对试验结果有显著影响，表明沥青用量对连续级配 AC-16 的 SCB 试件的弯拉强度和断裂能密度有显著影响。

3. 不同沥青用量下的断裂韧度试验和数据分析

本研究选用的级配为连续级配 AC-16，在低温下进行断裂韧度试验，连续级配 AC-16 的沥青用量分别为 3.7%、4.2%、4.7%、5.2% 和 5.7%。根据 MTS 系统采集到的数据得到荷载-位移曲线，再由荷载-位移曲线求得试件破坏时吸收的能量，并换算成单位厚度断裂能，按最小二乘法拟合直线，得到图 2-14，连续级配 AC-16 试件断裂韧度试验数据见表 2-8。

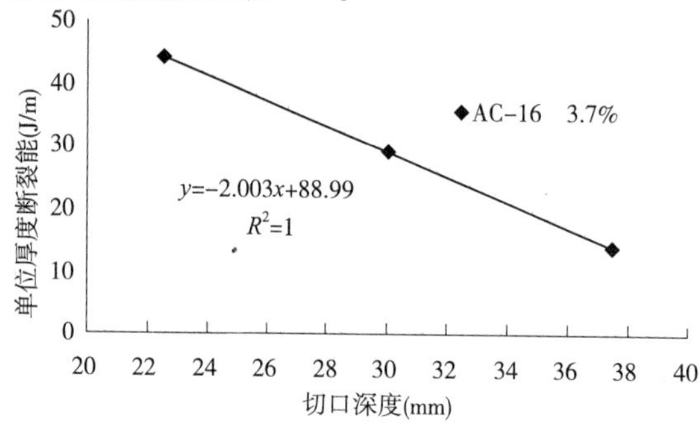

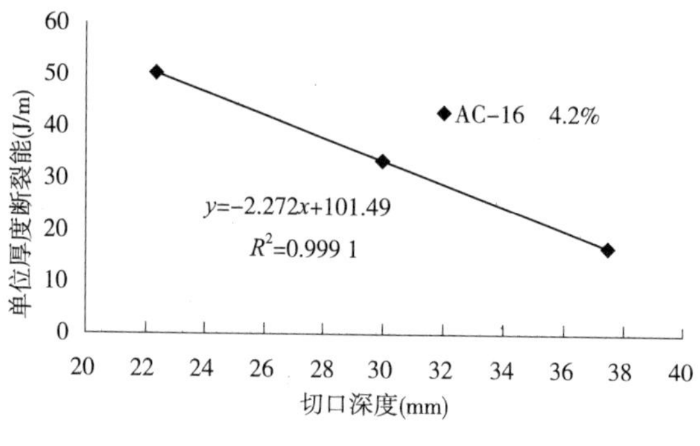

图 2-14

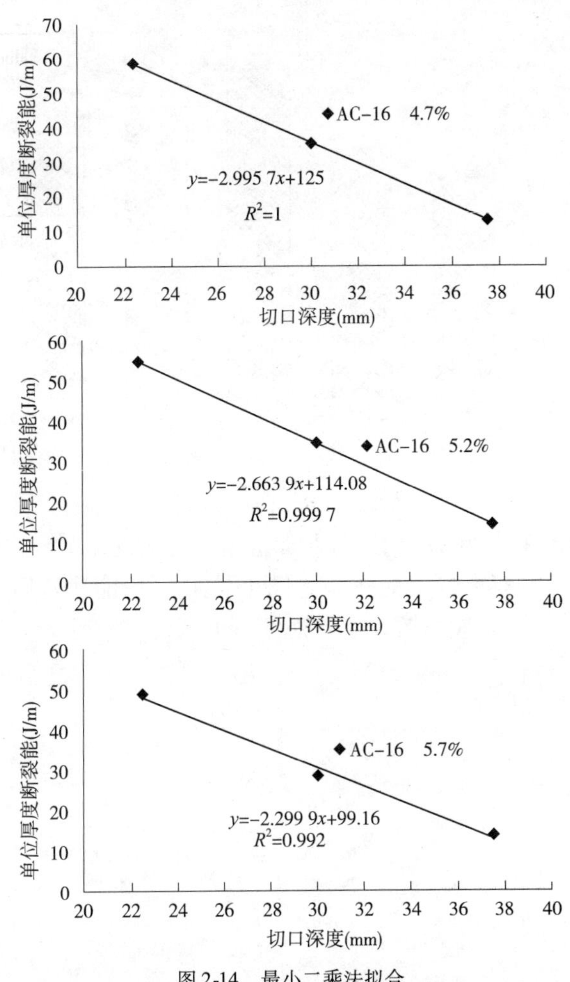

图2-14　最小二乘法拟合

断裂韧度结果表　　　　表2-8

试验指标	沥青用量				
	3.7%	4.2%	4.7%	5.2%	5.7%
断裂韧度	2.00	2.27	3.00	2.66	2.30

由图2-15可以看出，当沥青用量逐渐增大时，连续级配AC-16沥青混合料试件的断裂韧度也逐渐增大，在最佳沥青用量时达到最大值，之后随着沥青用量增大而逐渐减小，表明其低温抗裂性能随着沥青用量的增加先增加，在最佳沥青用量时达到最大，之后逐渐减小。

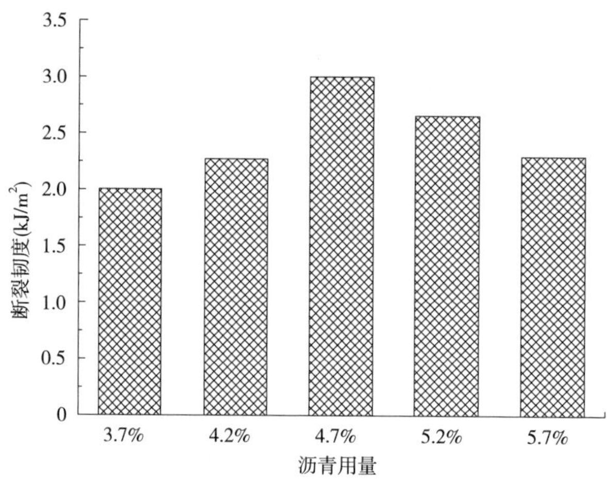

图 2-15　AC-16 断裂韧度

由图 2-16 看出，在相同级配下，沥青含量相同的情况下，橡胶沥青的断裂韧度较克拉玛依 90 号沥青有大幅度提高，表明其低温抗裂性能比基质沥青有了大幅度提高，达到了预期效果，橡胶粉改善了普通沥青的低温抗裂性。

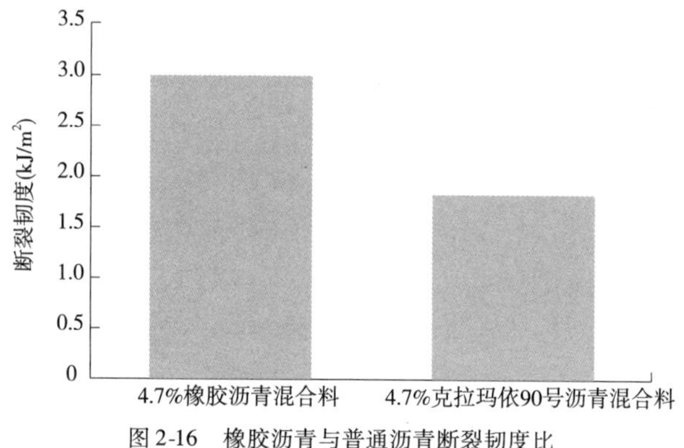

图 2-16　橡胶沥青与普通沥青断裂韧度比

第四节　路面高温性能改善分析

一、沥青混合料高温车辙机制分析

在高温条件下（例如沙漠气候）或在持续荷载情况下（如慢速行驶的载货汽车），沥青胶结料的性状像黏稠的液体。像热沥青这样的黏性液体有时被称为塑性体,就是因为这种材料一旦开始流动,就不可能恢复到原来的位置。这就是在高温天气有些沥青路面在反复荷载下流动并形成车辙的原因。

沥青路面高温稳定性习惯上指沥青混合料在荷载作用下抵抗永久变形的能力。严格地讲,推移、拥包、搓板、泛油均属于高温稳定性范畴。稳定性不足问题,一般出现在高温、重载以及抗剪切能力不足,即沥青路面的劲度较低的情况下。随着交通量的不断增大以及车辆行驶的渠化,沥青路面在行车荷载的反复作用下,会由于永久变形的累积而导致道路表面出现车辙,导致路表过量变形,影响了路面的平整度和行车舒适性。轮迹处沥青面层厚度减薄,削弱了面层的整体刚度,从而易于诱发其他病害。雨天路表排水不畅,降低了路面的抗滑能力;由于车辙内积水而使车辆漂滑,影响了高速行车的安全性;车辆在超车或更换车道时方向失控,影响了车辆操控的稳定性。可见,车辙的产生会严重影响路面的使用寿命和服务质量。

二、车辙试验

一般说来,稠度高的沥青,软化点高,温度稳定性好,在高温下仍能保持足够的黏滞性,使混合料具有一定的强度和劲度,而不致出现过大的变形。而稠度低的沥青,软化点低,在高温下黏度(黏度是用来描述液体流动阻力的材料特性)迅速降低,混合料在荷载作用下即出现大的变形。由于各种沥青对温度有不同的敏感性,感温性强的沥青高温稳定性必定不良。含蜡量高的沥青,当温度接近软化点温度时,蜡的熔融会引起沥青黏度的明显降低而失稳。另外,沥青中沥青质的含量对其热稳定性也有一定的影响,一般沥青质含量高的沥青热稳定性也好。在沥青中添加聚合物进行改性,也能明显提高其高温稳定性。一般说来,稠度高的沥青,软化点高,温度稳定性好,在高温下仍能保持足够的黏滞性,使混合料具有一定的强度和劲度,而不致出现过大的变形。而稠度低的沥青,软化点低,在高温下黏度迅速降低,混合料在荷载作用下即出现大的变形。由于各种沥青对温度有不同的敏感性,感温性强的沥青高温稳定性必定不良。含蜡量高的沥青,当温度接近软化点温度时,蜡的熔融会引起沥青黏度的明显降低而失稳。另外,沥青中沥青质的含量对其热稳定性也有一定的影响,一般沥青质含量高的沥青热稳定性也好。在沥青中添加聚合物进行改性,也能明显提高其高温稳定性。

黄文元[37]研究了不同目数、不同胶粉掺量的橡胶沥青和SBS改性沥青、基质沥青的SHRP高温分级,得出了以下的结论:上述不同沥青的高温分级次序是40目17%橡胶沥青(76℃)>80目17%橡胶沥青(76℃)>120目17%橡胶沥青(70℃)≈SBS改性沥青(70℃)>80目10%橡胶沥青(70℃)>70号基质沥青(64℃)。说明橡胶粉对于沥青高温性能的改性效果是非常明显的。

以往的研究表明:橡胶粉改性可以明显提高沥青的黏度和 SHRP 高温指数的值。因为橡胶沥青黏度高、软化点高、弹性恢复好(橡胶沥青高温下更黏稠、更有弹性)。但橡胶沥青对于混合料高温性能的影响还缺乏系统的研究。在本节中,研究人员将橡胶沥青结合料对于橡胶沥青混合料高温性能的影响因素进行了比较系统的研究。涉及的内容有:橡胶粉的性质、橡胶沥青的细度和不同的级配。

1. 橡胶粉性质对橡胶沥青混合料高温性能的影响

橡胶粉改性沥青是轮胎橡胶粉在高温条件下(180℃以上)与基质沥青溶胀反应得到的改性沥青胶结料。橡胶粉在与沥青高温充分混合状态下吸收沥青轻质组分而溶胀,同时在颗粒表面形成沥青质含量很高的凝胶膜。橡胶沥青中橡胶粉掺量通常接近 20%,融胀后橡胶粉体积达到胶结料的近 40%,橡胶粉颗粒通过凝胶膜连接,形成一个黏度很大的半固态连续相体系。

由于橡胶沥青中胶粉的掺量接近 20%,所以它的性质必然会对胶粉改性沥青混合料高温性能有较大的影响。

随着橡胶粉来源、加工工艺的不同,橡胶粉的化学组分以及级配组成、粗糙度、颗粒形状等物理参数会有很大的差别。这样势必会增大胶粉改性沥青性质的不稳定性,在混合料的路用性能上也会存在很大差别。本节研究人员选择了新疆库尔勒合兴橡胶厂、中国石油天然气股份有限公司克拉玛依炼油研究院两处的 20 目轮胎橡胶粉做对比试验。将上述两种胶粉与克拉玛依 90 号基质沥青制备了两种橡胶粉改性沥青,采用 AR-AC-13 级配,进行车辙试验,试验的结果见表 2-9。

车辙试验结果表 表 2-9

胶 粉 来 源	动稳定度(次/mm)	180℃旋转黏度(Pa·s)
库尔勒	6 488	4.0
克拉玛依	6 213	1.6

由图 2-17 的结果可以看出,不同来源的胶粉制备的胶粉改性沥青混合料的高温抗车辙性能差别不是很大,库尔勒和克拉玛依两地的胶粉制备的橡胶沥青混合料高温性能很接近且都不错,克拉玛依胶粉混合料的动稳定度是库尔勒胶粉动稳定度的95.7%。橡胶沥青质量控制的流程中,胶粉来源是第一个环节,也是关键的一环。从根本上说,研究人员认为上述差异是橡胶沥青的黏度对混合料动稳定度的影响。表 2-9 可以看出,随着沥青黏度的下降,混合料的动稳定度也随着下降。但有一点需要指出的是:库尔勒和克拉玛依这两种胶粉制备的混合料的动稳定度几乎一样,可是黏度上表现的差别较大,这和胶粉产地有着密切的关系。

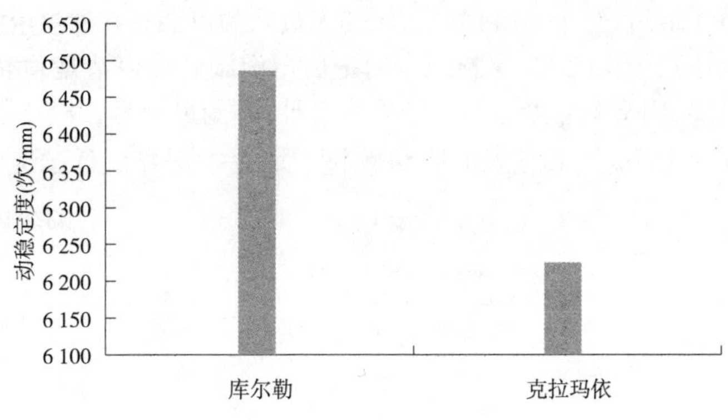

图 2-17　动稳定度对比图

2. 橡胶粉的细度对胶粉改性沥青混合料高温性能的影响

ASTM 有一整套按照轮胎橡胶粉的颗粒分布进行分类的方法。分类名称按照公称最大粒径，分为 10 ~ 80 目（分类级差为 10 目）、100 ~ 140 目（分类级差为 20 目）、170 目、200 目总计 13 类。

早期的常温工艺处理只能得到 60 目的胶粉，目数过低不利于胶粉和沥青的充分熔炼，不利于橡胶沥青的存储稳定性。近些年来，国外的胶粉技术发展很快，工业化的胶粉已经超过 200 目。本研究选择的是目前国内工程经常应用的两种不同目数（20 目、40 目）产地为乌鲁木齐胶粉，制备了两种胶粉改性沥青。两种胶粉沥青的胶粉掺量都是 19%，基质沥青都是克拉玛依 90 号，加工工艺都是简单搅拌 90min。拌和混合料进行车辙试验，结果如表 2-10 所示，动稳定对比如图 2-18 所示。

车辙试验结果表　　表 2-10

胶 粉 细 度	动稳定度（次/mm）	180℃旋转黏度（Pa · s）
20 目	6 488	4.0
40 目	6 767	1.7

总的来说，因为这两种胶粉都含有少量杂质，但是它们制备胶粉改性沥青混合料的高温性能表现得都很好，远远大于国家规定的 3 000 次/mm。从具体的数据看，40 目的胶粉制备的混合料的动稳定度最大，其次是 20 目，但从橡胶沥青的黏度上看，似乎和上述黏度与动稳定度单调规律不符，20 目的橡胶沥青黏度最大。究其原因，研究人员认为首先是这两种细度胶粉制备的混合料的动稳定度相差都不大，与之对应的黏度差距却很大，再加上受时间、精力的限制，试验数据所取的样本数量有限，上述的数据结果可能并不具有代表性。其次，对于不同目数的胶粉制备的混合料的动稳定度，可能存在一个峰值，例如上述情形的 40 目对应的动稳定度

就是一个峰值。最后,对于20目黏度,研究人员认为可能存在着试验假象,因为20目的胶粉颗粒还是很粗的,在橡胶沥青制备后用肉眼就可以清楚地看到沥青里的胶粉颗粒。另外,用来测黏度是布氏旋转黏度计,用的最大号(28号)转子,转子与试样桶壁的间距很小,如果有大的胶粉颗粒肯定会增加黏度计感应的扭矩,增大读数。

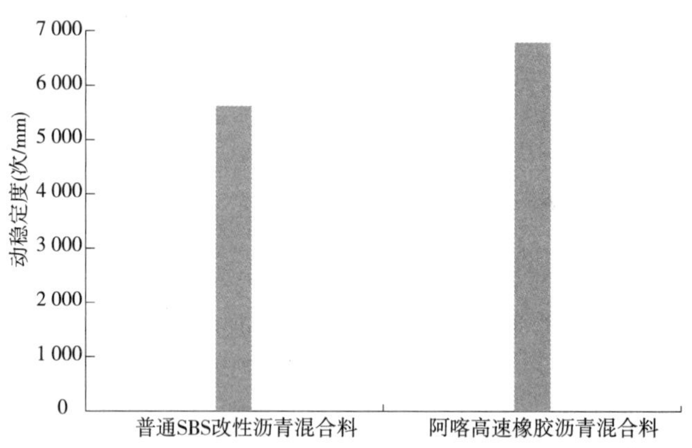

图2-18 动稳定度对比图

另一方面,现在国内的工程界在橡胶沥青混合料设计、施工时还是更倾向于用目数大即细的胶粉。实践表明,细胶粉制备橡胶沥青时存在一个很大的问题:存储稳定性,即橡胶沥青的"降黏"问题。前面一直在强调的就是黏度对于橡胶沥青混合料的重要影响,所以降黏是橡胶沥青混合料施工中最应重视问题之一。

3. 不同级配对橡胶沥青混合料高温性能的影响

不同级配对橡胶沥青混合料高温性能影响见表2-11、图2-19。

动稳定度对比表 表2-11

沥青混合料型号 \ 试验项目	动稳定度(次/mm)	变异系数
克拉玛依90号(AC16)	1 165	—
普通SBS改性沥青混合料(AC16)	5 624	13
阿喀高速橡胶沥青混合料(AR-AC16C)	6 767	6.00
克白路橡胶沥青混合料(SMA13)	6 833	9.85
吐乌大高速公路橡胶沥青混合料(AR-AC13)	6 488	7.83

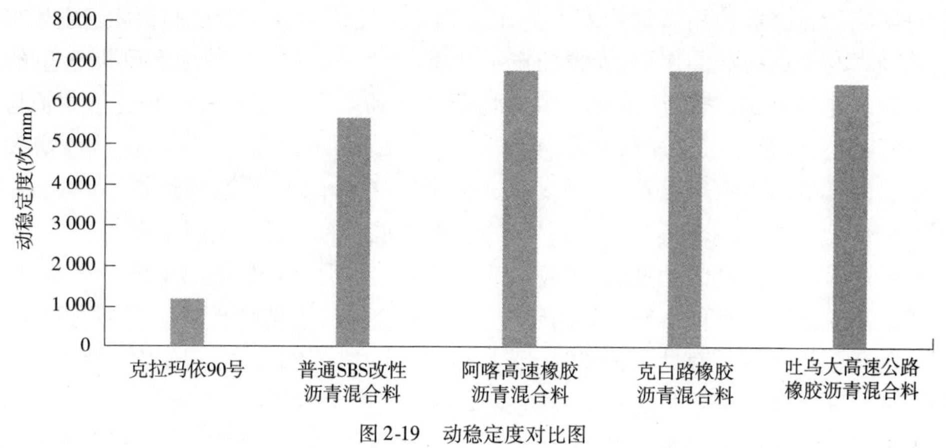

图 2-19　动稳定度对比图

车辙试验结果表明：

(1)在沥青混凝土中掺入废旧橡胶粉，在一定细度与掺量条件下，与不掺入橡胶粉的普通混凝土相比，空隙率明显下降，高温抗车辙能力显著提高，橡胶沥青混凝土比普通沥青混凝土更密实，更能抵抗高温变形。

(2)橡胶粉细度及掺量对橡胶沥青混凝土压实特性和抗车辙能力试验结果表明，无论细度还是掺量，在一定条件下均存在某一最佳值，细度过小或掺量太大均会对其压实特性与抗车辙能力产生不利影响，同时从生产成本上加以考虑，建议橡胶粉细度不宜超过 60 目。

(3)掺入橡胶粉后，因橡胶粉易吸油，故用油量会增多，但由于实际施工过程时压实机具的压实功高于室内试验的压实功，为了避免施工时产生粘轮、泛油等不利情况，建议用油量不宜偏大。

(4)掺入废旧胶粉的沥青，抗车辙性能得到明显改善，和基质沥青相比得到了显著提升，和 SBS 改性沥青相比也有进一步改善，利用橡胶沥青不仅节约了成本，更保护了环境，值得在新疆地区大规模推广。

第五节　路面抗疲劳性能改善分析

一、橡胶沥青混合料抗疲劳机制分析

沥青混合料的疲劳主要有两种类型，一种是温度循环或者荷载造成的材料的拉伸疲劳破坏，另一种是裂缝反射造成的纯剪切疲劳破坏。沥青胶料的抗老化性

能是影响沥青路面使用质量和寿命的主要因素。路面铺筑时受热、路面建成后受自然因素和交通荷载的作用，沥青的技术性能发生不可逆的变化就是沥青的老化。受沥青老化的影响，路面沥青混合料的物理性能和化学性能随着时间的推移而发生下降，直到满足不了交通荷载，发生破坏。

各国学者通过弯梁试验、小梁疲劳试验、间接拉伸试验等充分地验证了橡胶沥青的抗疲劳性能。Palit 等的研究指出，橡胶沥青混合料在低温时具有较好的柔性，而高温时表现出较高的劲度，因此胶粉改性剂提高了混合料低温时的疲劳强度，并改善了高温抗车辙性能。Kim 等的研究表明，混合料的疲劳特性对基质沥青种类、胶粉粒径及含量的依存性十分敏感，破坏应力和应变值随胶粉粒径和含量的增加而降低。研究沥青混合料的疲劳特性是一项耗资巨大的课题，广泛而系统地进行大量试验研究实际上是很困难的，因此很多学者都采用数学模型预估混合料的疲劳寿命。诸多疲劳特性研究都采用以下形式的疲劳方程：

$$N_f = K_1\left(\frac{1}{\varepsilon_1}\right)^{K_1}\left(\frac{1}{E}\right)^{K_2}$$

式中：N_f——达到破坏的重复加载次数；

ε_1——临界位置的拉应变；

E——材料的劲度模量；

K_1，K_2——试验校准参数。

Raadl22，Palitlz 等学者通过对疲劳方程的分析认为，橡胶沥青混合料的抗疲劳性能优于传统沥青混合料。目前我国学者对橡胶沥青混合料疲劳特性的探讨尚且不多。

抗疲劳性能在沥青混合料的性能评价中占有重要地位，在沥青及其混合料中掺入废旧轮胎橡胶粉后，对其抗疲劳性能有明显的影响。一方面是由于废旧轮胎橡胶粉中含有一定的抗老化剂成分（如炭黑），掺加到沥青或混合料中可以提高其抗老化性；另一方面，橡胶粉掺加到沥青中大大提高了沥青黏度和弹性，与混合料拌和后可增加矿料表面的沥青膜厚度，这样也可以提高混合料的抗老化性能。

二、橡胶沥青疲劳抗裂性能评价

本次试验选用动态剪切流变试验来对橡胶沥青的疲劳抗裂性能进行比较评价。以下先对试验方法进行简单介绍，然后进行试验数据分析比较。

1. 试验方法简介

动态剪切流变仪（Dynamic Shear Rheometer，简称 DSR）是研究黏弹性材料的基本试验仪器。美国战略公路研究计划（SHRP）在沥青胶结料路用性能规范中采用

DSR 来评价沥青材料的高温性能与中温疲劳性能。

动态剪切流变仪的工作原理并不复杂，如图 2-20 所示，它是将沥青试样夹在来回振荡的旋转轴和固定板之间，振荡板从起点 A 开始转动到 B 点，再从 B 点转回，经过 A 点到 C 点，从 C 点再转回到 A 点，这样形成一个循环周期。DSR 试验过程中，摆动板连续不断地摆动，速度为 10rad/s，频率约等于 1.59Hz。

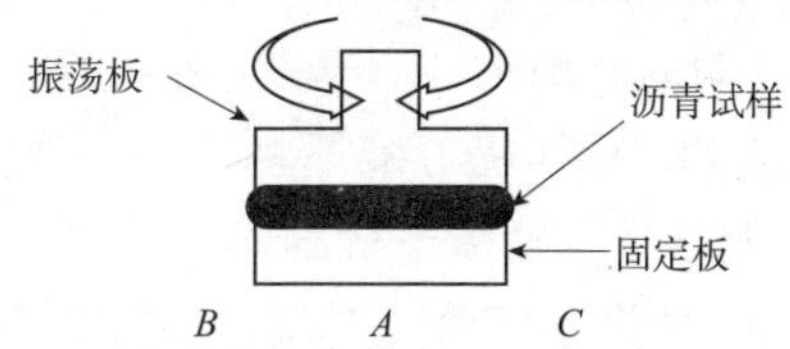

图 2-20　动态剪切流变仪

当力（或剪应力 τ）通过旋转轴加到沥青上时，DSR 就会测量沥青对此施加的力的反应（或剪应力 τ）。如果沥青是一个完全的弹性材料，其反应就与瞬时施加的力相一致，两者的时间滞后就为 0。若是完全的黏性材料，荷载和反应之间的时间滞后就会很大。冰冷沥青的情形就像弹性材料，温度高的沥青就像黏性材料。

在大多数路面承受交通的温度下，沥青的状况既像一个弹性固体，又像一个黏性液体。DSR 试验中通过测定沥青材料的复数剪切模量（G^*）和相位角（δ）来表征沥青材料的黏性和弹性性质。

剪应力应变的波形如图 2-21 所示，复数剪切模量 G^* 是最大剪应力（τ）和最大剪应变（γ）的比率，它是材料重复剪切变形时总阻力的度量，包括两部分：弹性（可恢复）部分和黏性（不可恢复）部分。

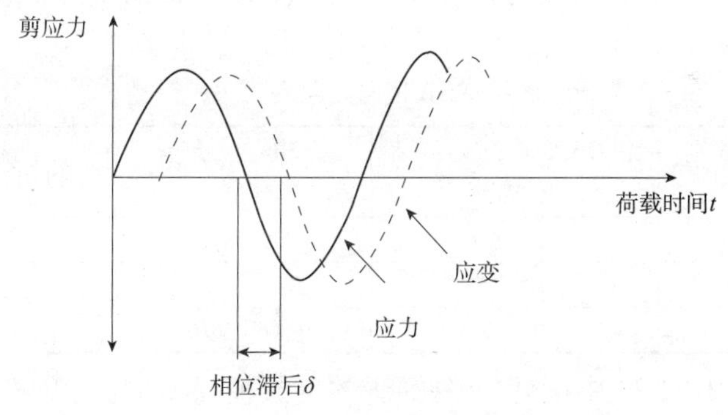

图 2-21　剪应力变化图

相位角 δ 是施加的应力和由此产生的应变的滞后时间，它是可恢复与不可恢复变形的相对指标。对于完全弹性的材料，荷载作用时，变形同时产生，相位角 δ

为 0;黏性材料在加载和应变响应之间有较大的滞后,相位角 δ 接近 90°。

2. 橡胶沥青的疲劳性能分析

复数模量 G^* 和相位角 δ 的正弦值两个参数相乘,产生一个与疲劳有关的系数——疲劳开裂因子 $G^*\sin\delta$,此因子也称为中等温度劲度。Superpave 沥青胶结料规范将 $G^*\sin\delta \leqslant 5\ 000\text{kPa}$ 作为沥青胶结料的疲劳开裂控制指标,其含义可以理解为,随着沥青结合料在服务期的逐渐老化,$G^*\sin\delta$ 不断增大,若在未达到设计年限前沥青胶结料 $G^*\sin\delta > 5\ 000\text{kPa}$,其疲劳破坏将比预期提前,也就是说,由于该种沥青胶结料的抗老化性能差导致了疲劳寿命的缩短。

本次试验采用 AR1500 型动态剪切流变仪,通过时间扫描,对克拉玛依 90 号基质沥青、SBS 改性沥青、橡胶沥青这三种材料,试验温度从 40℃ 到 13℃,研究其复数模量 G^* 和相位角 δ 随温度变化情况,以及疲劳开裂因子 $G^*\sin\delta$ 的变化,对比这三种沥青的疲劳性能。

沥青路面的疲劳破坏一般发生在路面服务了一定年限以后,这时的沥青胶结料已经经历了相当程度的老化。所以 SHRP 规范要求试验所使用的试样要先经过旋转薄膜烘箱(RTFOT)模拟混合料在拌和、运输和摊铺这一过程中的老化,还要进行空气压力老化(PAV),来模拟沥青路面暴露在自然界中所受到的长期老化。

本次试验的目的是对比克拉玛依 90 号基质沥青、SBS 改性沥青、橡胶沥青这三种沥青的疲劳性能,并与后续混合料疲劳试验结果对比,混合料试件未进行长期老化。

按照 AASHTO 标准 TPS—93 规范,采用应变控制方式加载,试样应变值 $z = 1\%$,试验频率为 10rad/s,采用直径为 8 ~ 10cm,厚度为 2 ~ 3cm 的试样。DSR 试验结果见表 2-12、图 2-22 ~ 图 2-24。

DSR 试验结果表 表 2-12

沥青类型 / 试验温度(℃)	克拉玛依 90 号基质沥青(kPa)	SBS 改性沥青(kPa)	橡 胶 沥 青(kPa)
19	3 926	2 481.5	1 633.5
16	6 380.5	4 033	2 485.5
13	10 150	6 326.5	3 666

从图 2-22 ~ 图 2-24 中可见,三种沥青的复数模量 G^* 与温度 T 在半对数坐标上是线性相关的,并且相关性很好。随着温度降低,复数模量 G^* 逐渐增大。40℃时,三种沥青的复数模量 G^* 很接近,随着温度降低,数值逐渐拉大,基质沥青的变化速率最快,SBS 改性沥青次之,橡胶沥青的变化速率最小。

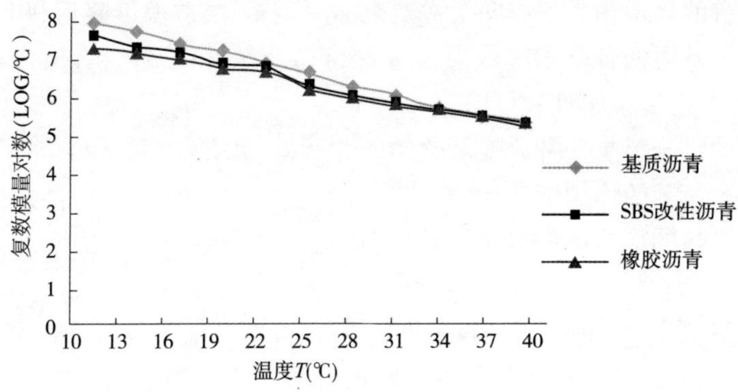

图 2-22　DSR 试验结果

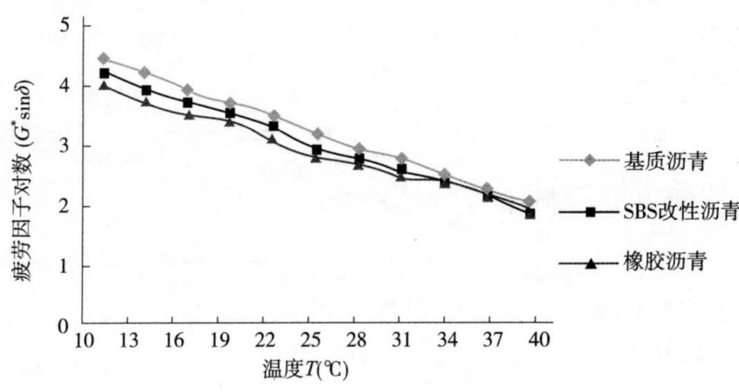

图 2-23　DSR 试验结果

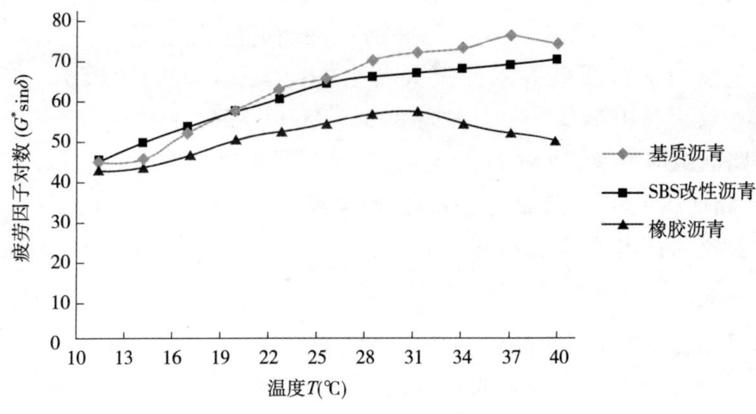

图 2-24　DSR 试验结果

三种沥青的相位角 δ 与温度 T 成对数曲线关系，随着温度降低，相位角 δ 逐渐减小。相对于基质沥青与SBS改性沥青，橡胶沥青的相位角一直保持在一个较低的水平，说明其温度敏感性较低。

所期望的结合料是一种比较柔软的弹性材料，具有较小的疲劳因子 $G^* \sin\delta$，使得路面在汽车荷载的作用下变形时，卸载后既能够迅速恢复，又能使内部摩擦生的能量较多地以热的形式散失，这样就可以避免或减少路面因产生应力累积而导致疲劳破坏。

由图2-24可见，三种沥青的疲劳因子 $G^* \sin\delta$ 对数值与温度 T 在半对数坐标上是线性相关的，并且相关性很好。随着温度升高，$G^* \sin\delta$ 值逐渐增大，沥青抗疲劳性能逐渐降低。Superpave沥青胶结料规范将 $G^* \sin\delta = 5\ 000\text{kPa}$ 作为沥青胶结料的疲劳开裂控制指标，由表2-12中看到，基质沥青在16℃时，$G^* \sin\delta$ 值 $> 5\ 000\text{kPa}$，达到疲劳极限；SBS改性沥青在13℃时，$G^* \sin\delta$ 值 $> 5\ 000\text{kPa}$，达到疲劳极限；橡胶沥青在13℃时，$G^* \sin\delta$ 值仍保持在5 000kPa以下，说明三种沥青中，橡胶沥青的抗疲劳性能最好，SBS改性沥青次之，基质沥青最差。

三、橡胶沥青混合料抗疲劳性检测

吐乌大高等级公路幸福路口至甘和子段，采用了橡胶沥青罩面技术，改造的起点位于吐乌大幸福路口互通式立交乌鲁木齐方向约1.8km，桩号为YK550+289（对应老路桩号K550+295.10），终点位于甘河子互通式立交乌鲁木齐方向约8.7km处，桩号为ZK584+000（对应老路桩号K584+000），路线全长30.375km，途经大黄山服务区、南泉子收费站。改造工程于2009年完工，2013年新疆交通科学研究院受香港君达集团委托，对该路段的各项性能进行了检测。

检测范围为下行线乌鲁木齐至大黄山方向K570+700~K567+200，共计3.5km；上行线大黄山至乌鲁木齐方向K558+000~K561+000，共计3.12km。检测项目为路面破损率及路面损坏状况指数、国际平整度指数、路面行驶质量指数、车辙深度、路面构造深度、路面摩擦系数、路面渗水、原路面厚度、层间黏结状况、橡胶沥青混合料油石比、级配情况等。

1. 平整度

本项目沥青路面平整度检测采用车载式颠簸累积仪检测，转化为国际平整度指数（IRI）后再计算路面行驶质量指数（RQI）。由国际平整度指数（IRI）计算得出行驶质量指数（RQI）数值范围为0~100，如出现负值，则RQI值取0；如计算结果大于100，RQI取值100，路面行驶质量评价标准见表2-13。

路面行驶质量的评价标准　　表 2-13

行驶质量	优	良	中	次	差
行驶质量指标	≥90	≥80，<90	≥70，<80	≥60，<70	<60

检测结果如表 2-14 所示。

国际平整度指数和行驶质量指数　　表 2-14

起止桩号	IRI(m/km)	RQI	评价等级	备注
K570 +700 ~ K570 +000	2.221	90	优	下行
K570 +000 ~ K569 +000	3.054	84	良	
K569 +000 ~ K568 +000	2.189	90	优	
K568 +000 ~ K567 +200	2.071	91	优	
K559 +000 ~ K560 +000	2.303	90	优	上行
K560 +000 ~ K561 +000	1.886	92	优	

检测统计结果如表 2-15 所示。

国际平整度指数和行驶质量指数综合评价　　表 2-15

国道 216	国际平整度指数 IRI(m/km)	行驶质量指数 RQI	评价等级
上行	2.1	90	优
下行	2.6	86	良

上述结果表明橡胶沥青路面的平整度整体处于优良水平，通过在普通沥青路面和橡胶沥青路面上行驶对比得出，在橡胶沥青路面上行驶的车辆轮胎与路面接触产生的噪声要小于普通沥青路面，减噪效果明显，行车更加舒适。

2. 橡胶沥青路面损坏

橡胶沥青路面破损采用人工调查方法，调查范围包括：下行方向路面 K570 +700 ~ K567 +200，共计 3.46km，上行方向 K558 +680 ~ K561 +800，共计 3.12km，实际检测车道累计长度为 6.58km。

路面破损率(DR)是沥青路面发生各种类型破损的换算面积与调查区域总面积之比，可根据需要计入破损类型及破损严重程度的系数。路面损坏状况指数(PCI)由 DR 计算得出，反映路面破损状况。路面破损率(DR)以整段路评价，路面状况指数(PCI)按 km 统计。检测结果如表 2-16 所示。

路面等级评价　　表2-16

国道216	路面破损率DR(%)	路面损坏状况指数PCI	评价等级
上行	2.99	97	优
下行	1.00	98	良

调查结果表明,路面破损率较小,路面破损状况均为优。路面损坏类型主要为横向裂缝,缝宽基本在1cm以下,属于功能性损坏,病害并未对路面结构强度造成损害,后期只需将横缝加以修补,即可以保持良好的路面使用性能。

且本路段处所属地区极端高温可达41℃,沥青路面又具有很强的吸热性,路面表层温度会更高,从而导致沥青路面的刚度降低。为了保证路面的使用功能,就要求沥青的高温稳定性优良,否则道路在车辆的荷载作用下,易产生车辙、推移、拥包等病害。通过对橡胶沥青路面调查路段的病害情况分析得知,本段所使用的橡胶沥青高温稳定性满足技术要求,路面抗损坏状况良好。

3. 渗水

沥青路面渗水性能采用沥青路面渗水系数来表征,是反映路面沥青混合料级配组成的一个间接指标,也是沥青路面水稳定性的一个重要指标。若整个沥青面层均透水,则水将进入基层或路基,致使路面承载能力降低。检测结果见表2-17。

沥青路面渗水记录　　表2-17

测试路面	测试位置		起始体积	终止体积	起始时间	终止时间	渗水系数
	桩号	位置					
下行大黄山方向	K570+000	行车道	100	100	0	180	无渗水现象
	K569+500	行车道	100	100	0	180	无渗水现象
	K569+000	行车道	100	100	0	180	无渗水现象
	K568+200	行车道	100	100	0	180	无渗水现象
	K567+500	行车道	100	500	0	93	258.1裂缝处
上行乌鲁木齐方向	K559+000	行车道	100	100	0	180	无渗水现象
	K560+000	行车道	100	100	0	180	无渗水现象
	K561+000	行车道	100	100	0	180	无渗水现象

橡胶沥青路面除裂缝处外,其余地方均未出现渗水现象。

4. 构造深度

沥青路面表面构造深度用以评定路面表面的宏观构造,是表征路面粗糙的重要指标,与路表抗滑性能、排水、噪声等都有直接关系。橡胶沥青路表面构造深度检测结果如表 2-18 所示。

沥青路面构造深度　　表 2-18

测试路面	测试位置		铺砂直径(mm)	构造深度(mm)	平均值(mm)
	桩号	位置			
下行大黄山方向	K570 +000	行车道	171	1.1	1.14
	K569 +500	行车道	183	1.0	
	K569 +000	行车道	186	0.9	
	K568 +200	行车道	174	1.1	
	K567 +500	行车道	142	1.6	
上行乌鲁木齐方向	K559 +000	超车道	190	0.9	1.1
	K560 +000	超车道	160	1.2	
	K561 +000	超车道	172	1.1	

构造深度平均值为 1.1mm,说明橡胶沥青路面宏观构造良好,从而反映路面抗滑性能较好,能够保证车辆行驶的安全性。

5. 路面摩擦系数

用摩擦系数测定仪来测定沥青路面抗滑值,用以评定路面在潮湿状态下的抗滑能力。摆式摩擦仪测定的 BPN 值是反映路面抗滑性能的综合指标,测点分别选在轮迹分布带上以及停车带上(表 2-19),停车带上的摩擦系数可以模拟路面竣工时的抗滑性能,通过二者来对比评价运行三年后路面抗滑性能的衰变特征。

橡胶沥青路面抗滑值统计表　　表 2-19

起止桩号	轮迹分布带摆值 BPN	停车带摆值 BPN	备　注
K570 +700 ~ K569 +700	53	70	下行线
K569 +500 ~ K568 +500	58	77	
K568 +300 ~ K567 +900	56	82	
K558 +700 ~ K559 +700	49	66	上行线
K559 +900 ~ K561 +100	52	67	
平均值	54	72	

由表 2-19 可知,所调查路段橡胶沥青路面轮迹带抗滑值 BPN 平均值为 54,按《公路沥青路面养护技术规范》(JTJ 073.2—2001)相关要求,抗滑性能评价等级为

优。相对应停车带上面抗滑值为72,路面抗滑衰减为25%,衰减较小。

6. 路面使用性能综合评价

现有路面使用性能综合评价采用路面使用性能指数 PQI 作为评价指标,评价内容包括以下四个方面:路面破坏状况、行驶质量、强度以及抗滑性能。路面的综合评价指标 PQI 是由各分项指标加权计算得出,其数值范围为 0 ~ 100,其值越大,路况越好。路面使用性能分为优、良、中、次、差 5 个等级,按表 2-20 规定的标准确定。

路面使用性能评价指标　　表 2-20

行驶质量	优	良	中	次	差
路面使用性能指数	≥90	≥80,<90	≥70,<80	≥60,<70	<60

根据上述各分项指标的调查评价结果,得出所调查路段橡胶沥青路面使用性能的综合评价,如表 2-21 所示。

沥青路面性能评价　　表 2-21

起 止 桩 号	路面 PQI	评价等级	RQI	RDI	PCI
K570 +700 ~ K570 +000	2. 221	优	90	94	98
K570 +000 ~ K569 +000	3. 054	良	84	98	97
K569 +000 ~ K568 +000	2. 189	优	90	94	98
K568 +000 ~ K567 +200	2. 071	优	91	94	98
K559 +000 ~ K560 +000	2. 303	优	90	94	96

注:RQI 表示路面行驶质量状况指数;RDI 表示沥青路面车辙深度指数;PCI 表示路面状况指数。

根据《公路技术状况评定标准》(JTG H20—2007),现有公路橡胶沥青路面综合评价指标 PQI 均为 90 分以上,路面使用性能评定为优,说明路面整体状况良好。

第六节　本 章 小 结

本章主要论述了废旧橡胶粉改性沥青的机制,并且通过废旧橡胶粉改性沥青性能的概述、废旧橡胶粉改性沥青作用原理、现场生产废旧橡胶粉改性沥青作用原理及通过橡胶沥青混合料低温弯曲试验、半圆弯拉试验、车辙试验以及动态剪切试验,分别从低温性能、高温性能、抗疲劳性能分析橡胶沥青的路用性能,得出结论如下:

(1)通过对废旧橡胶粉改性沥青性能的概述,废旧橡胶粉改性沥青具有优良的路用性能;橡胶沥青烘烤后的针入度比大于基质沥青,且都大于75%;其烘烤后的延度比较基质沥青延度比大大提高。

(2)由废旧橡胶粉改性沥青作用原理可知,废胎胶粉改性沥青的性能来自于胶粉与沥青的相互之间的物理、化学改性作用。物理改性主要体现在废胎胶粉的溶解、吸附溶胀以及废胎胶粉颗粒的增强与填充作用;化学改性体现在相互作用后各自成分的变化(废胎胶粉的脱硫、解聚和沥青的胶体结构变化)及物质交换造成的成分变化(胶粉内化学物质进入沥青后对沥青的作用)。

(3)依据现场生产废旧橡胶粉改性沥青,试验分析了针入度、软化点、延度和180℃旋转黏度随发育时间的变化情况,发现随发育时间的变化,针入度增大,黏度先增大后变小,软化点和延度基本保持平稳。

(4)采用弯曲梁流变试验对橡胶沥青的低温性能进行了分析,结果表明,橡胶沥青劲度模量随温度变化的幅度较小,温度敏感性小,低温劲度模量远低于一般SBS改性沥青,低温抗裂性能优异。

(5)通过半圆弯拉试验表明,沥青用量逐渐增大,连续级配AC-16沥青混合料试件的断裂韧度逐渐增大,在最佳沥青用量时到达最大值,之后随着沥青用量增大逐渐减小,表明其低温抗裂性能随着沥青用量的增加先增加,最佳沥青用量时最大,之后逐渐减小。

(6)添加废旧胎橡胶粉可以改善沥青的高温性能,软化点和黏度明显增加;橡胶沥青混合料的高温抗车辙性能随着胶粉改性沥青软化点的提高而增加。其中黏度是橡胶沥青混合料高温稳定性的重要影响因素。

(7)通过动态剪切流变仪试验表明:随着温度降低,复数模量 G^* 逐渐增大。40℃时,三种沥青的复数模量 G^* 很接近,随着温度降低,数值逐渐拉大,基质沥青的变化速率最快,SBS改性沥青次之,橡胶沥青的变化速率最小,橡胶沥青的抗疲劳性能最好,SBS改性沥青次之,基质沥青最差。

(8)所以通过吐乌大橡胶改性沥青路面四年后的路用性能依然优良,行驶指数指标较高,基本无车辙无渗水现象,无裂缝,行车舒适,可知橡胶改性沥青混合料的抗疲劳性优于普通改性沥青。

第三章　路用橡胶粉原材料技术指标分析

废胎胶粉作为一种改性剂,其技术性质直接影响橡胶沥青胶结料的路用性能。废胎胶粉的技术指标包括物理与化学指标,其中物理指标主要包括:橡胶粉的颗粒大小、级配、橡胶粉的表面纹理及颗粒形状;化学技术指标主要包括胶粉的天然橡胶含量、橡胶烃含量、灰分、金属含量、纤维含量、丙酮抽取物含量等。

其中废胎胶粉的加工工艺决定物理特性,目前橡胶粉的加工工艺包括:常温辊筒粉碎法、低温冷冻粉碎法、湿法粉碎法、臭氧粉碎法、高压爆破法、高压超速粉碎法、助剂沉没粉碎法及高压射击粉碎法等。目前最常用的为常温辊筒粉碎和低温冷冻粉碎法两种方式。

废胎胶粉的化学特性是由废旧轮胎本身的组成结构所决定的。根据轮胎的来源不同,废胎胶粉分为斜交胎废胎胶粉和子午线胎废胎胶粉两种(图 3-1、图 3-2)。研究发现,在斜交胎中天然橡胶偏多,在子午胎中丁苯橡胶偏多。交通运输部公路研究所的研究结果表明,斜交胎废胎胶粉的改性效果明显好于子午线胎废胎胶粉。在工业上,相关部门依据废胎胶粉生产原料的不同将其分为以下几种:

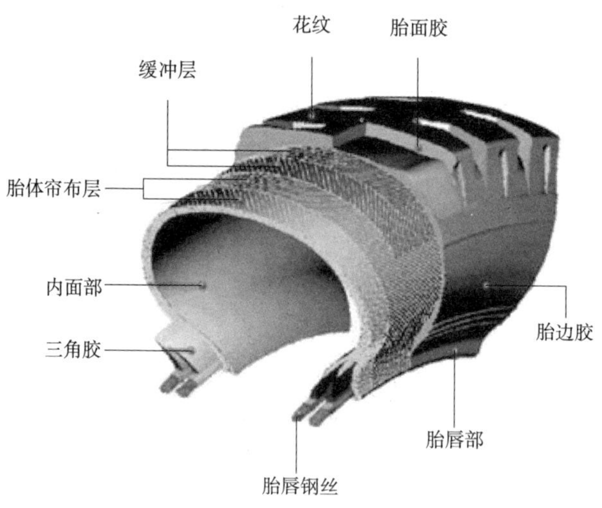

图 3-1　斜交轮胎结构图

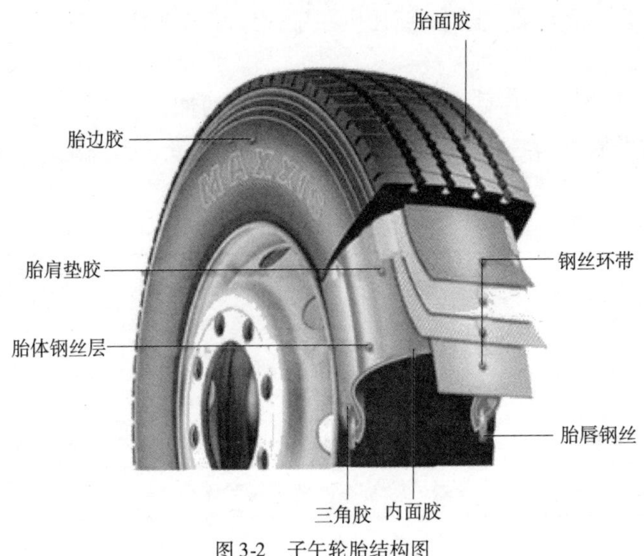

图 3-2　子午轮胎结构图

硫化橡胶粉——亦称熟橡胶，俗称胶皮或橡皮。经过硫化的橡胶，黏弹性较好，不易折断等。

废胎硫化橡胶粉——汽车废轮胎经粉碎得到的具有一定细度规格的硫化橡胶粉。

路用废胎硫化橡胶粉——满足公路路用技术指标要求的废胎硫化橡胶粉。

子午线胎废胎胶粉——汽车废子午线轮胎经粉碎得到的胶粉。

斜交胎废胎胶粉——汽车废斜交轮胎经粉碎得到的废胎胶粉。

本研究在前人研究的基础上，对废旧胎胶粉的有效成分含量、纤维含量展开试验研究；结合橡胶沥青改性机制和现行改性沥青性能评价指标，探讨分析适合橡胶沥青改性机制的技术指标。

第一节　胶粉纤维含量技术指标分析

纤维是指由连续或不连续的细丝组成的物质，废轮胎中含有大量的短纤维：聚酰胺纤维和聚酯纤维。刚性的短纤维和柔性的橡胶经过黏合技术加工成轮胎，这样不仅保持了橡胶的高弹性，也使得橡胶富有高模量。因此经加工而成的橡胶粉具有抗蠕变、抗变形等特性。ASTM D 中要求 2 级、3 级胶粉纤维含量为 0，其余等级的胶粉要求含量小于 0.5%。在我国国家标准《硫化橡胶粉》(GB/T 19208—2008)中提出子午线轮胎纤维含量小于 0.1%、斜交轮胎纤维含量小于 0.5% 的要求。我国交通运输行业推荐标准《路用废胎硫化橡胶粉》(JT/T 797—2011)规定纤维含量小于1%。

沥青中纤维的作用主要是改善沥青胶浆的流动性,增厚沥青膜。为研究胶粉中纤维含量对橡胶沥青性能的影响,本研究综合相关研究归纳整理了试验数据,见表3-1、表3-2。

马歇尔试验参数表　　表3-1

胶粉中纤维含量	设计空隙率	最佳油石比	马歇尔密度(g/cm^3)	矿料间隙率	饱和度	骨架间隙率
0%	4.5%	4.8	2.479	16.4%	75.6%	39.3%
0.3%	4.5%	4.7	2.473	16.6%	75.9%	39.5%
1%	4.5%	4.9	2.473	16.7%	76.1%	39.6%

车辙试验及冻融劈裂试验结果　　表3-2

胶粉中纤维含量	动稳定度(次/mm)	永久变形	冻融劈裂强度(MPa)	TSR(%)
0%	5 022	2.8%	0.55	55.5
0.3%	3 748	3.4%	0.77	72.4
1%	4 149	3.0%	0.72	70.7

为配制出纤维含量0%、0.3%、1%的胶粉,试验采用胶毛与无纤维胶粉混匀,胶毛中纤维含量约为30%,则胶毛相对胶粉含量依次为0%、10%、33%。试验用石料为玄武岩,沥青为克拉玛依90号,混合料级配为AC-16C。

从表3-1可知,胶粉中纤维含量的增加对沥青混合料最佳油石比的影响很小,纤维含量1%的胶粉仅比无纤维胶粉拌制的沥青混合料最佳油石比增加约0.1。说明胶粉中的纤维对沥青混合料沥青膜厚的增加贡献极小。

表3-2数据显示,橡胶沥青混合料的动稳定度因纤维的掺入而减小,永久变形因纤维的掺入而增大;但是随胶粉中纤维含量的增加,动稳定度和永久变形指标有改善提高的趋势。值得注意的是,胶粉中含有一定量的纤维可提高橡胶沥青的抗水损害性能,冻融劈裂强度和TSR都显著提高。

另一方面,废胎胶粉中纤维含量增加,会使有效胶粉含量相对减小。

综合上述分析,建议道路工程应用中应控制废胎中的纤维含量,借鉴国外的技术标准,沥青混合料用胶粉中的纤维含量宜小于0.5%;对沥青混合料水稳定性有较高要求时,胶粉中纤维含量可以适当放宽,宜小于1%。对于黏层、封层、洒布用橡胶沥青的胶粉中纤维含量宜小于0.5%(ASTM D6114中规定纤维含量小于0.1%)。

第二节　胶粉天然橡胶含量技术指标分析

目前汽车轮胎主要分为两大类:子午胎和斜交胎(斜交胎组成如图 3-3 所示)。我国目前生产的废胎胶粉主要以斜交胎为主,天然橡胶含量较多(图 3-3)。研究发现,橡胶粉中天然橡胶含量高不仅有利于改善橡胶粉与基质沥青的相容性,同时也可以提升融溶于沥青中的橡胶材料对沥青的改性作用,从而提高沥青的性能。国外生产的废胎胶粉以子午胎为主,天然橡胶含量较低,而国外路用胶粉技术指标中规定,胶粉中天然橡胶含量为 16% ~40%。为弥补胶粉中天然橡胶含量不足的问题,国外专门有一种在橡胶粉中掺加一定比例的天然橡胶的橡胶沥青生产工艺。

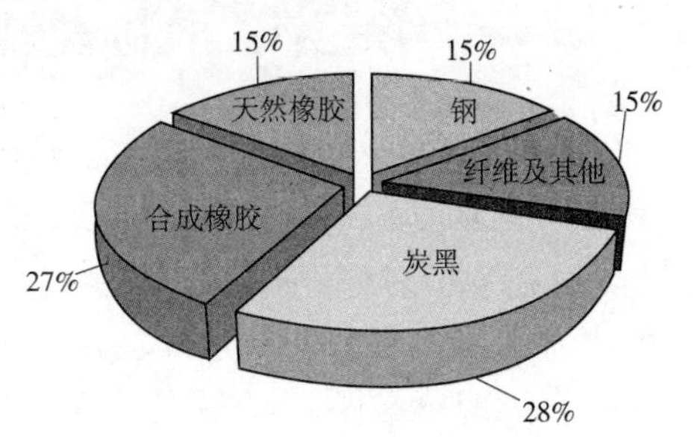

图 3-3　斜交胎组成结构

为研究胶粉中天然橡胶含量对橡胶沥青性能的影响,在鞋底胶粉中掺加一定比例的天然橡胶,配制出天然橡胶含量不同的橡胶粉。

试验用鞋底胶粉由新疆乌鲁木齐米东区永振橡胶粉厂提供,天然橡胶含量约为 7%。天然橡胶相对鞋底胶粉掺量为 0%、5%、10%、14%、18%,配制出天然橡胶含量为 7%、12%、16%、20%、24% 的胶粉。

参考国内最新研究成果,胶粉相对沥青掺量 20%,搅拌温度为 180℃,剪切搅拌 45min 使胶粉在沥青中充分溶胀,制备不同天然橡胶含量的橡胶沥青,基质沥青为克拉玛依 90 号。制得的橡胶沥青性能指标见表 3-3。切机转速为 7 000r/min,高速剪切 15min,使胶粉在沥青中混溶均匀后改用机械搅拌。

橡胶沥青中天然橡胶含量不同沥青性能试验结果　　表 3-3

胶粉中天然橡胶含量	针入度(0.1mm)	软化点(℃)	布氏旋转黏度 180℃(Pa·s)
7%	86	46.2	2.3
12%	85	46.4	2.2
16%	83	48.3	2.7
20%	77	54.6	3.7
24%	74	59.0	3.9
基质沥青	85	42.5	—

从表3-3可以看出,胶粉中天然橡胶的含量对针入度的影响不大,对软化点和黏度的影响显著。所以针对新疆大陆性干旱气候的特点,并结合国内外橡胶沥青技术标准,建议新疆干旱荒漠区路用橡胶粉中天然橡胶含量大于20%。

第三节 胶粉炭黑含量技术指标分析

炭黑是由含碳元素比例较高的一些物质,经过半燃烧得到的粉状物。炭黑主要含92%~99%的碳元素和氢氧元素,以及少量硫元素,此外还含有少量灰分和沥青杂质。通过X衍射分析得知,炭黑的结晶性很不完整,认为是一种链状结构的半结晶性,粒子内部以层状定向分布。炭黑中每个层面可以有100个以上碳原子,各层面相互平行,且大致距离相等,约为3.5A。炭黑层面虽然是等距离和相互平行,但层面间可以移动和转动,两层叠成一个微晶。炭黑是由更多个这样的微晶体构成一个炭黑粒子,炭黑粒子可由层面边缘的碳原子、氢原子或有游离价以及微晶体外单独层面的任意碳原子(无定形碳)组成。由于不同形式的碳,可以在炭黑粒子中共存,所以决定了炭黑粒子有较强的活性。

上述结构决定了炭黑不同于一般微填料的改性作用,这种小粒径炭黑可以完全分散于沥青膜中(弥散强化作用),起到类似沥青的作用,而其他填料则只能嵌挤于骨料的颗粒之间,起到细料填充作用。经预处理后的炭黑,改善其相容性后,可使炭黑在沥青中形成沥青组成中的一个组分,而以沥青为基体,形成微弥散结构。

美国改性沥青用胶粉技术指标中规定炭黑含量为20%~40%,我国交通运输行业标准规定胶粉技术指标中炭黑含量不小于28%。那么,胶粉中炭黑含量应为多少才能保证废旧橡胶粉改性沥青的技术性能,是不是炭黑含量越高越好呢。针对这个问题,进行了初步研究。

排除胶粉中其他有效成分在沥青改性过程中对试验结果的影响,采用在基质沥青中直接添加炭黑弥散剂——BC弥散剂。

目前研究成果显示,胶粉相对沥青掺量在15%~25%,本研究取胶粉相对沥青掺量为20%。假设胶粉中炭黑含量为10%、20%、30%、40%、50%,则可计算出应添加的BC弥散剂相对沥青外掺剂量应分别为0.02%、0.04%、0.06%、0.08%、0.1%。

基质沥青采用克拉玛依90号。试验结果见表3-4。

结合表3-4和图3-4~图3-6可知,随着炭黑掺量的增加,改性沥青针入度明显减小,软化点急剧上升,低温延度稍有降低。这表明炭黑改性沥青的高温稳定性有明显提高,但低温抗裂性稍有降低。

橡胶沥青经处理后的不溶橡胶粉数据　　表2-4

样　　品	不溶胶粉(%)	样　　品	不溶胶粉(%)
0.10mm	85	0.63mm	85
0.29mm	86	0.74mm	86
0.35mm	85	未与沥青混合的橡胶粉	89

3. 网络填充说

网络填充是指将橡胶粉加入沥青中后，橡胶粉颗粒受到沥青油分和芳香分的作用而被分开，发生溶胀和部分溶解过程；随后是扩散或溶胀团粒的分散过程，最终橡胶粉以微粒或丝状随机分布在沥青基体中。废轮胎胶粉颗粒在改性沥青体系中起着增强作用；废轮胎胶粉颗粒体积小，数量多，在低温时它们与沥青基体的模量不同，可产生高度的应力集中，诱发大量银纹和剪切带，银纹和剪切带的产生和发展消耗大量的能量，而较大的橡胶粒子能防止单个银纹的生长和断裂，使其不致很快发展为破坏性裂纹，改善沥青的低温性能。同时，一定掺量下，粗的废胎胶粉颗粒可以形成骨架结构，因此可以提高沥青的弹性恢复能力。

三、现场生产废旧橡胶粉改性沥青作用原理分析

现场生产借助于香港君达集团引进的美国 D&H EQUIPMNT，LTD 制造的橡胶沥青生产设备(图2-3)，该设备控制系统主要采用了西门子 PLC、变频器传动、人机界面以及工业以太网等。燃烧加热系统主要采用了导热油加热和柴油燃烧器加热两种方式，能很好地满足橡胶沥青生产对温度的要求和控制。检测系统主要采用了精密的液位、温度、压力、流量等传感器，能有效保证橡胶沥青生产的质量。采用卧式剪切罐，确保废旧橡胶沥青充分发育，并且前后罐分开，使得生产与发育同时进行，保证生产效率。

图2-3　橡胶沥青生产设备及卧式剪切罐

现场生产所采用的基质沥青为克拉玛依90号重载道路石油沥青，废旧橡胶粉为40目，在180℃高温下掺入外掺剂制备废旧橡胶粉改性沥青（图2-4）。本节从发育时间对废旧橡胶粉改性沥青性能的影响来分析其作用机制。

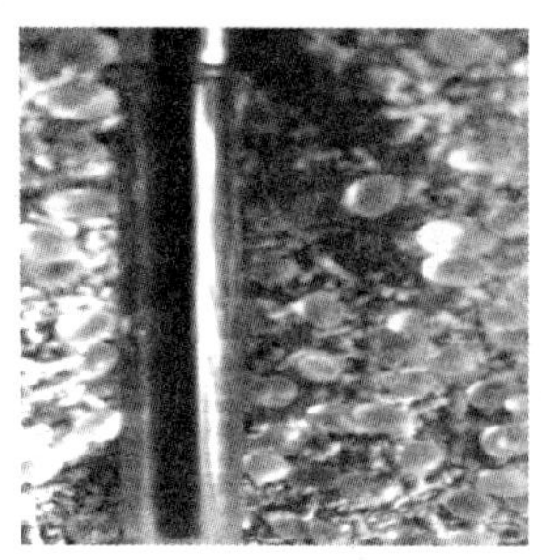

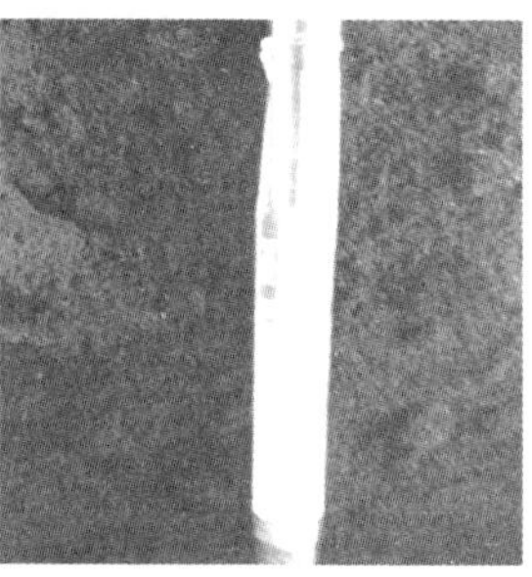

图2-4　现场生产原材料（外掺剂、40目废旧橡胶粉、基质沥青）

从图2-5～图2-8中可以看出，随着发育时间的增加，针入度增大，黏度先增大后变小，软化点基本保持不变，延度逐渐增大。这是因为180℃剪切搅拌下，废旧橡胶粉中硫键的断开和重组是同时进行的，废旧橡胶粉吸收沥青的能力极强，废旧橡胶颗粒体积迅速膨胀，颗粒之间发生相对移动越来越困难。此外，沥青中轻质组分被吸收后，自由沥青的黏度相应升高。溶胀达到一定极限后，脱硫和降解过程加速发展。脱硫造成维持不同橡胶分子共同作用的交联断裂，最终导致橡胶颗粒崩解，降解导致橡胶分子链断裂，橡胶分子量下降。轮胎橡胶脱硫后，力学性能下降，针入度增大，黏度降低，意味着橡胶性质彻底失去，对橡胶沥青路面的使用性能是不利的。

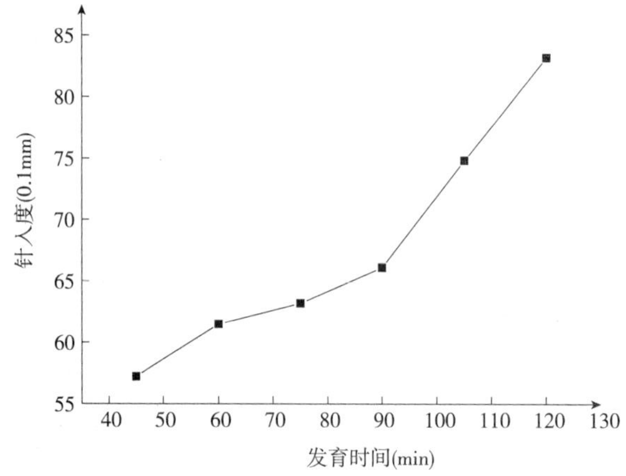

图2-5　针入度随发育时间变化图

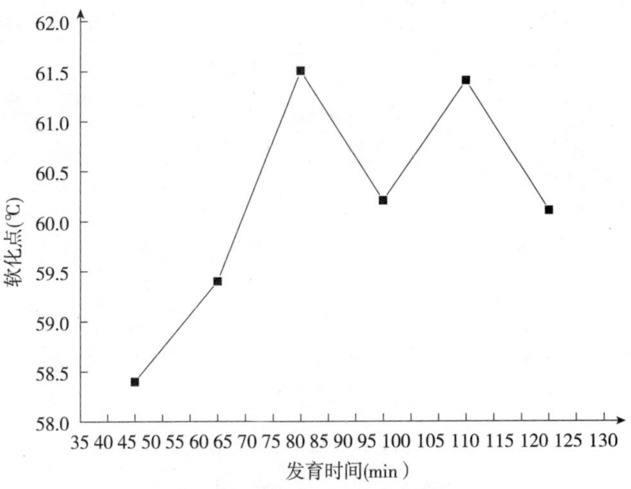

图 2-6　软化点随发育时间变化图

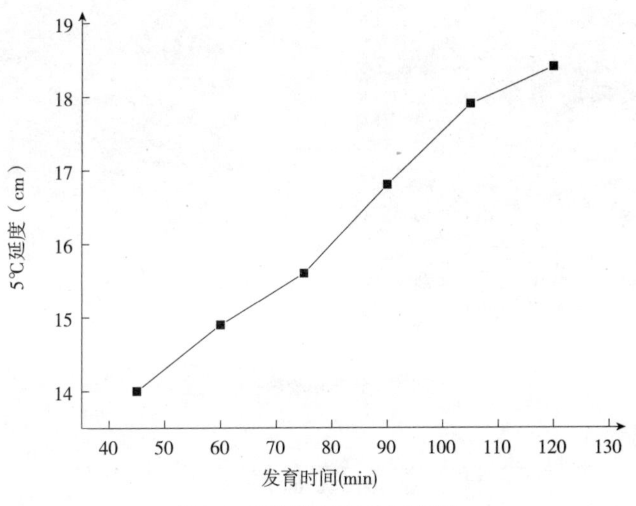

图 2-7　延度随发育时间变化图

橡胶颗粒吸收沥青中的油分而溶胀，部分橡胶颗粒恢复了其生胶的性质，使橡胶颗粒具有一定的黏性，并由原来的紧密结构变成相对疏松的絮状结构，制备后的溶胀橡胶颗粒能够较均匀地悬浮分散在沥青中（图 2-9），基质沥青也因部分油分被吸收而变得黏稠；这种混溶改性材料不仅保持了基质沥青材料的主要物理力学性质，恢复了橡胶材料部分生胶的黏性和可塑性，而且两者的共同作用也改变了基质沥青材料的物理特征、黏结性、感温性和耐久性，产生了改性效果。

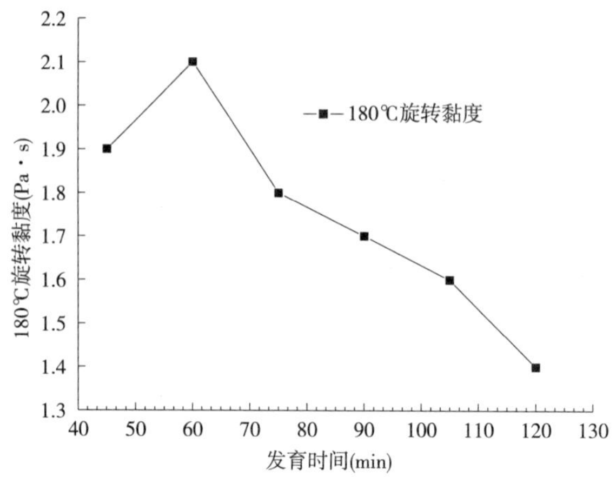

图 2-8　180℃旋转黏度随发育时间变化图

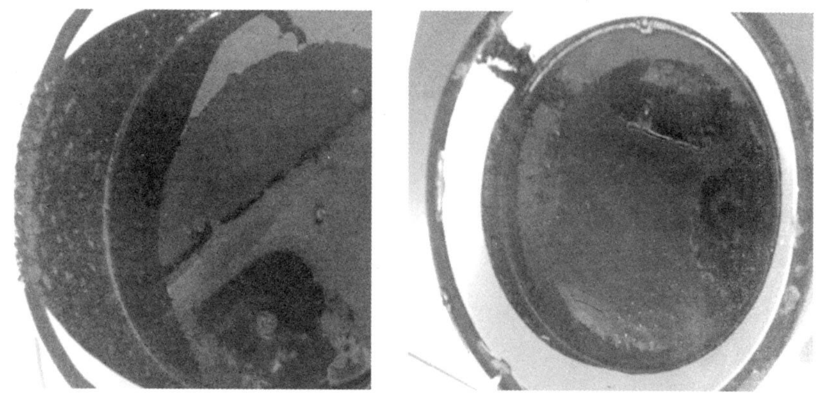

图 2-9　废旧橡胶粉改性沥青

第三节　路面低温性能改善分析

一、沥青混合料低温开裂机制分析

沥青在寒冷天气或者快速加载的情况下,会表现出弹性固体性状,加载时发生弹性变形;卸载时加回到原来位置。任何弹性变形都是可以恢复的,但如果荷载过大,弹性固体可能发生断裂。尽管沥青在低温下是一个弹性固体,但是会变得十分脆弱,荷载过大就会发生开裂,当沥青路面试图收缩时,会因为低温而受阻。

沥青结构层做路面面层时,一方面气温变化对其影响非常大,当温度下降时,沥青面层出现收缩变形,这种变形会受到基层对路面的摩阻力和路面无限连续板体对收缩变形的约束作用,使沥青面层内部产生拉应力。另一方面,沥青混凝土具有应力松弛性能,当给沥青混凝土一定的应变时,由此产生的应力会随时间延长而松弛,一般的温度变化范围内,温度降低而产生的拉应力,会由于应力松弛而使拉应力减小,将不产生出现裂缝那么大的应力。出现强对流天气时,由于降温速率较快将使路面内的应力来不及松弛,出现过大的应力积聚。与此同时,由于温度降低,沥青混合料的应力松弛模量逐渐增大,应力松弛能力降低,也导致应力积聚过大,待温度应力积聚到超过沥青混合料的极限抗拉强度时,路面就将出现裂缝,以便将应力释放出去。

低温裂缝是沥青路面破坏的主要形式之一。路面裂缝的危害一方面在于水分不断通过裂缝渗入基层,导致路面承载力降低;另一方面裂缝逐年加宽,致使路面平整度降低,破坏了路面的连续性、整体性以及美观性。沥青胶结料的低温抗变形能力在很大程度上取决于沥青材料的低温性质、沥青与矿料的黏结强度、级配类型以及沥青混合料的均匀性。除了采用合理的配合比、选用与沥青黏结良好的矿物集料和控制施工工艺外,可采用稠度低、塑性大的沥青来提高沥青混凝土的低温变形能力,因此采用橡胶沥青提高沥青路面的低温抗裂能力,已受到人们的广泛关注。

二、橡胶沥青混合料低温抗裂性能试验方法

国内外研究沥青混合料低温抗裂性能的试验方法主要包括:等应变加载的破坏试验(间接拉伸试验,弯曲、压缩试验)、直接拉伸试验、低温弯曲试验和半圆弯拉试验、受限试件温度应力试验、三点弯曲 J-积分试验、c^* 积分试验、收缩系数试验、应力松弛试验等。

三、低温弯曲试验

低温弯曲试验是国内外比较常用的沥青混合料低温抗裂性能评价方法。此次试验按照马歇尔试验确定的最佳油石比成型车辙试件,再将其切割成尺寸为 250mm(长)×30mm(宽)×35mm(高)的小梁。低温弯曲试验采用三分点加载,跨径 200mm,加载速率为 5mm/min,试验温度为 -10℃,每组 5 个试件。试验对比了基质沥青混合料及橡胶沥青混合料。具体试验结果见表 2-5。

新疆橡胶沥青混合料低温弯曲试验对比 表 2-5

混合料 试验项目	克拉玛依 90 号沥青混合料	普通 SBS 改性沥青混合料	阿喀高速橡胶沥青混合料	克白路橡胶沥青混合料	吐乌大高速公路橡胶沥青混合料
抗弯拉强度(MPa)	—	—	11.3	10.03	8.58
弯拉应变	2 850	3 100	3 455	3 322	2 881
弯拉劲度模量(MPa)	—	—	2 980	3 043	3 254

从上述试验结果可以看出：

(1)加入橡胶粉的沥青混合料和 SBS 改性沥青混合料的低温弯曲性能比普通基质沥青均有所改善，但是橡胶沥青混合料的改善效果更加明显。加入橡胶粉后，沥青混合料的低温弯拉应变增加，劲度模量降低，抗弯拉强度增加，低温弯曲性能有所提高。这是由于橡胶粉具有柔性和弹性，使得橡胶粉混合料在低温状况下具有一定的柔性，改善了沥青混合料的低温抗裂能力。

(2)从表 2-5 中弯拉应变的数值看，天然胶含量较高的斜交胎显现出较好的性能。这是由于在低温状态下，沥青混合料的变形能力在很大程度上取决于沥青材料的低温性质、沥青与矿料的黏结强度。

(3)随着橡胶粉粒径的减小，沥青混合料的低温弯曲性能有所降低。最初将橡胶粉用于干拌法时，粒径较粗，在 20 目左右，使得混合料存在不易压实的问题，由于粒径大的橡胶粉颗粒较粒径小的颗粒明显具有柔性和弹性，致使 40 目的橡胶粉混合料低温弯拉应变最大。

从低温弯曲试验看出，掺加废旧橡胶粉的沥青混合料其低温性能较普通沥青混合料改善明显。

四、半圆弯拉试验

1. 制备半圆形试件

试验所用半圆形试件，由旋转压实仪成型直径 150mm 的试件切割而成，具体步骤为：将旋转压实仪成型好的试件冷却至室温，切除试件顶部和底部，保留中间部分，然后根据试验要求切割成需求的半圆形试件。本研究需要的试件厚度为 25mm 和 50mm 两种，制备过程中采用芬兰产的双面锯将试件切成试验要求的厚度，然后将圆形试件沿着直径方向切成两部分，就得到半圆形试件，如图 2-10 所示。

SCB(半圆弯拉)试验设备由底边的两个托轮和半圆弧中点的加载轮组成，采用滚轴作为加载条和托轮，这样可以减少摩擦。SCB 试验上部和下部加载环直径为 10mm,两个托轮间的距离是 SCB 试样直径的 0.8 倍。本研究采用的 SCB 试件直径为 150mm,所以两个托轮间的距离约为 120mm。

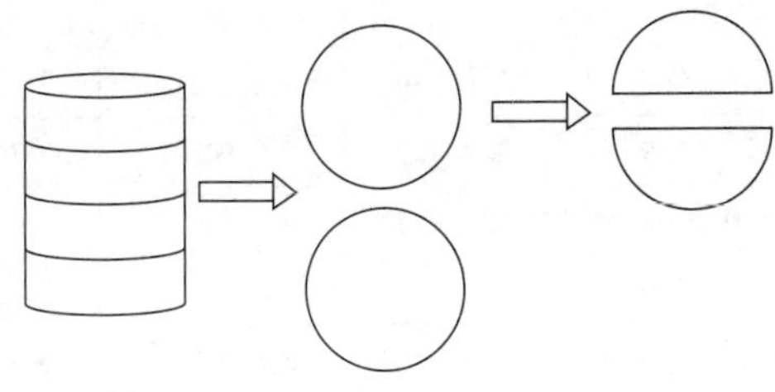

图 2-10　半圆试件

2. SCB 试验步骤

采用疲劳试验机进行 SCB 抗拉试验,试验级配选用 AC-16,采用克拉玛依 90 号基质沥青制备橡胶沥青,以制备好的橡胶沥青作为结合料确定最佳沥青用量,在最佳沥青用量的基础上制备 SCB 试件,之后进行 SCB 试验,具体试验步骤如下:

(1)试验前,在将 SCB 试件在规定温度的环境箱中保温 3h 以上,使试件温度均匀,每组平行试验进行 4 次。

(2)SCB 弯拉试验,与梁式试件的三点弯拉试验类似。首先要将半圆试件底边两个加载棒的间距调节为底边长度的 0.8 倍,方便计算试件底部中心位置的应力和应变。

(3)试验之前,为了使上加载棒与试件紧密接触,预加 30N 的荷载。启动试验机,以规定的加载速率向试件加载,直至破坏。荷载传输采用位移控制系统,以压力机压头的位移作为垂直变形。试验过程中需记录以下数据:荷载、加载位移、荷载-加载位移曲线图。根据 SCB 抗拉试验结果,计算各半圆试件的抗弯拉强度和断裂能密度。本试验选用连续级配 AC-16,研究沥青用量、胶粉掺量和胶粉细度对橡胶沥青混合料抗弯拉强度和断裂能密度的影响。

连续级配 AC-16,在 3.7%、4.2%、4.7%、5.2% 和 5.7% 五个沥青用量下进行 SCB 试验,其中橡胶粉掺量为 20%,橡胶粉为 40 目,收集试验数据并计算试件的抗弯拉强度和断裂能密度,试验数据见表 2-6。

由图 2-11 ~ 图 2-13 可以看出,随着沥青用量增加,SCB 试件的最大荷载、抗弯拉强度和断裂能密度具有相同的变化趋势,即随着沥青量的增加,试件的抗弯拉性能逐渐增加,在最佳沥青用量 4.7% 时达到峰值。之后由于沥青用量的增加,橡胶沥青混合料中自由沥青增多,表现出沥青混合料 SCB 试件最大荷载、弯拉强度和断裂能密度降低,反映沥青混合料试件的抗弯拉性能减小。

SCB试验结果表 表2-6

指标	试件个数	沥青用量				
		3.7%	4.2%	4.7%	5.2%	5.7%
最大荷载(N)	1	2 165.065	3 378.829	3 837.384	3 355.264	3 063.069
	2	2 271.659	3 287.319	3 699.617	3 366.746	2 956.191
	3	2 201.562	3 235.256	3 789.623	3 289.256	2 998.362
	4	2 186.236	3 201.428	3 896.253	3 324.568	3 023.125
	均值	2 206.131	3 275.708	3 805.719	3 333.959	3 010.187
变异系数		1.8%	2.0%	1.9%	0.9%	1.3%
弯拉强度(MPa)	1	2.809	4.383	4.978	4.353	3.974
	2	2.947	4.265	4.800	4.368	3.835
	3	2.856	4.197	4.916	4.267	3.890
	4	2.836	4.153	5.055	4.313	3.922
	均值	2.862	4.250	4.937	4.325	3.905
变异系数		1.8%	2.0%	1.9%	0.9%	1.3%
断裂能密度(kPa)	1	54.856	83.657	111.475	99.737	82.534
	2	51.976	89.871	104.748	94.204	80.984
	3	60.325	81.890	101.356	95.256	75.238
	4	54.782	77.321	105.325	96.258	73.267
	均值	55.485	83.185	105.726	95.614	78.006
变异系数		5.5%	5.4%	3.5%	2.9%	4.9%

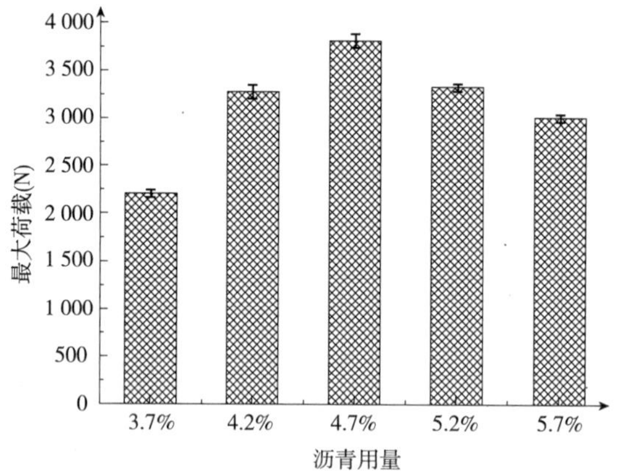

图2-11　SCB试验最大荷载与沥青用量关系图

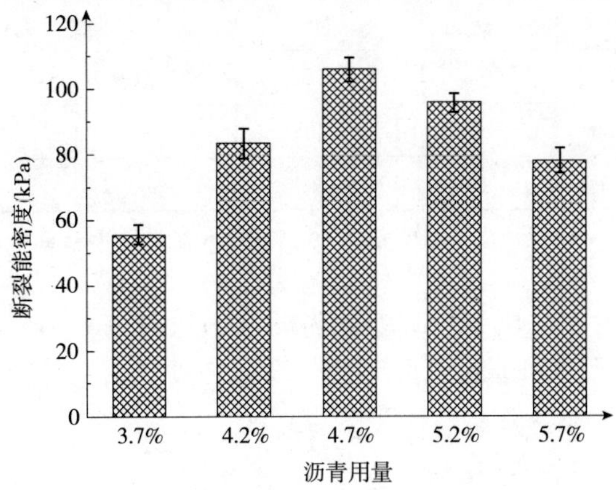

图 2-12　SCB 试验断裂能密度与沥青用量关系图

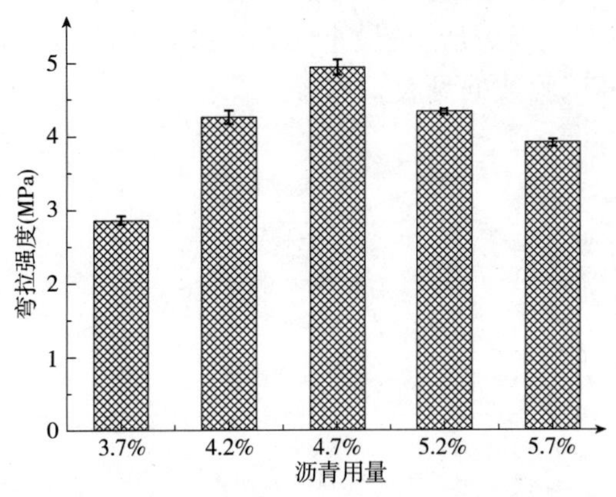

图 2-13　SCB 试验弯拉强度与沥青用量关系图

对不同沥青用量下的橡胶沥青混合料的 SCB 试件的弯拉强度和断裂能密度分别进行一元方差分析，结果见表 2-7。

一元方差分析表　　表 2-7

差异源	SS	DF	MS	F	P-value	F crit
组间	11.673 6	4	2.918 4	634.372	9.34E-21	2.866 1
组内	0.092 0	20	0.004 6	—	—	—
总计	11.765 6	24	—	—	—	—

续上表

差异源	SS	DF	MS	F	P-value	F crit
组间	5 823.291	4	1 455.822 7	83.651 9	4.53E-10	3.055 6
组内	261.050 1	15	17.403 3	—	—	—
总计	6 084.341 1	19	—		—	—

注：表中 SS 表示方差；MS 表示均方差；DF 表示自由度；F 表示统计量；P-value 表示显著性值；F crit 表示临界值。

表中数据均显示 F 大于 F crit，即认为沥青用量对试验结果有显著影响，表明沥青用量对连续级配 AC-16 的 SCB 试件的弯拉强度和断裂能密度有显著影响。

3. 不同沥青用量下的断裂韧度试验和数据分析

本研究选用的级配为连续级配 AC-16，在低温下进行断裂韧度试验，连续级配 AC-16 的沥青用量分别为 3.7%、4.2%、4.7%、5.2% 和 5.7%。根据 MTS 系统采集到的数据得到荷载-位移曲线，再由荷载-位移曲线求得试件破坏时吸收的能量，并换算成单位厚度断裂能，按最小二乘法拟合直线，得到图 2-14，连续级配 AC-16 试件断裂韧度试验数据见表 2-8。

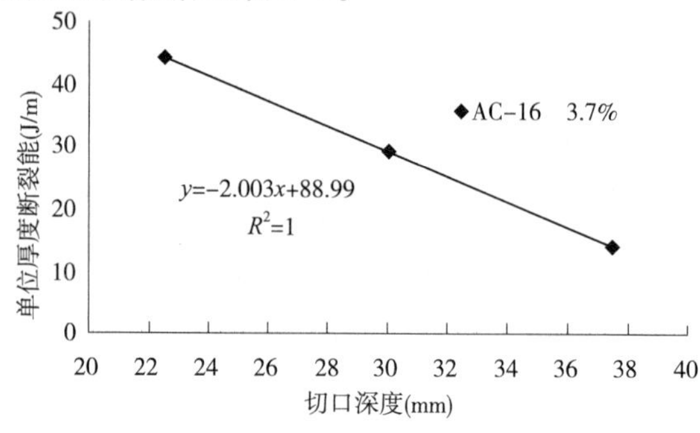

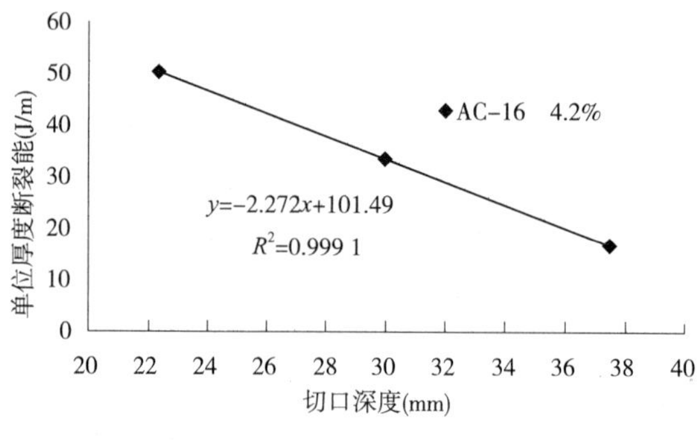

图 2-14

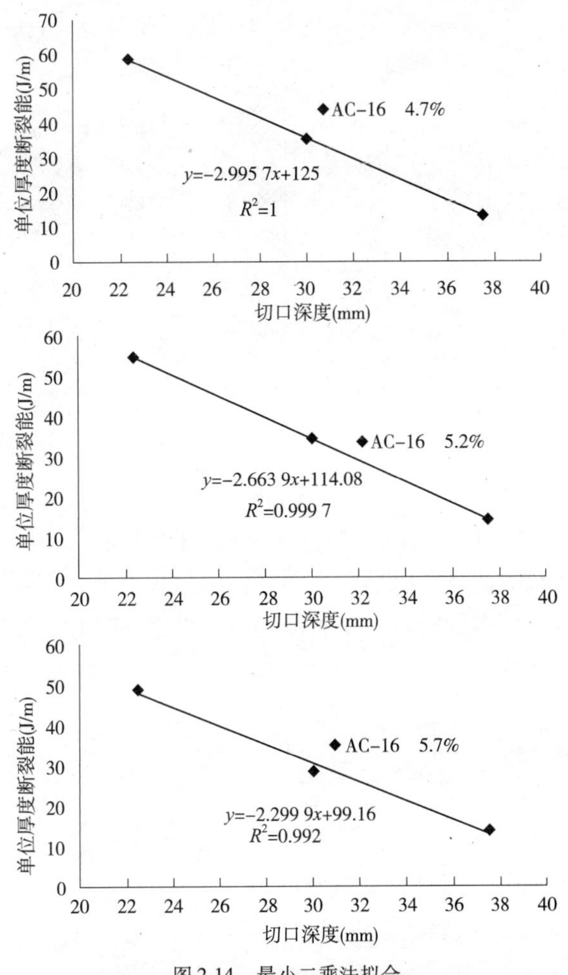

图 2-14 最小二乘法拟合

断裂韧度结果表 表 2-8

试验指标	沥青用量				
	3.7%	4.2%	4.7%	5.2%	5.7%
断裂韧度	2.00	2.27	3.00	2.66	2.30

由图 2-15 可以看出，当沥青用量逐渐增大时，连续级配 AC-16 沥青混合料试件的断裂韧度也逐渐增大，在最佳沥青用量时达到最大值，之后随着沥青用量增大而逐渐减小，表明其低温抗裂性能随着沥青用量的增加先增加，在最佳沥青用量时达到最大，之后逐渐减小。

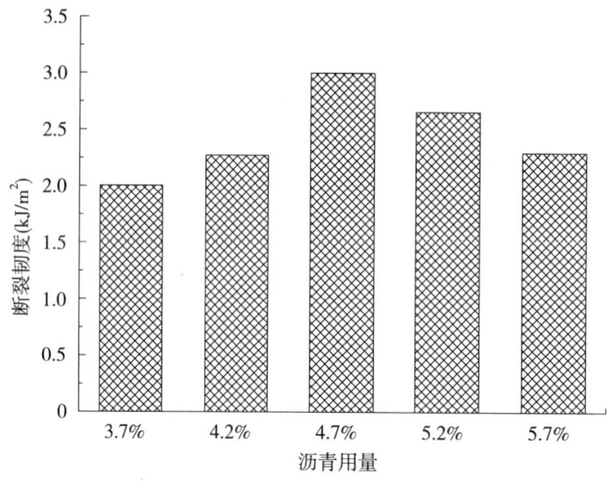

图 2-15　AC-16 断裂韧度

由图 2-16 看出，在相同级配下，沥青含量相同的情况下，橡胶沥青的断裂韧度较克拉玛依 90 号沥青有大幅度提高，表明其低温抗裂性能比基质沥青有了大幅度提高，达到了预期效果，橡胶粉改善了普通沥青的低温抗裂性。

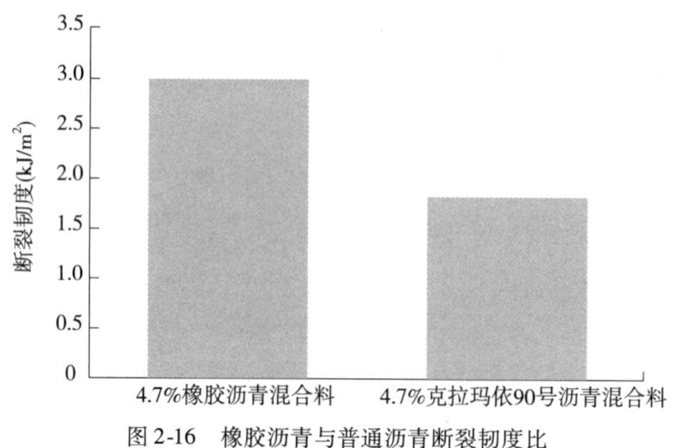

图 2-16　橡胶沥青与普通沥青断裂韧度比

第四节　路面高温性能改善分析

一、沥青混合料高温车辙机制分析

在高温条件下（例如沙漠气候）或在持续荷载情况下（如慢速行驶的载货汽车），沥青胶结料的性状像黏稠的液体。像热沥青这样的黏性液体有时被称为塑性体,就是因为这种材料一旦开始流动,就不可能恢复到原来的位置。这就是在高温天气有些沥青路面在反复荷载下流动并形成车辙的原因。

沥青路面高温稳定性习惯上指沥青混合料在荷载作用下抵抗永久变形的能力。严格地讲,推移、拥包、搓板、泛油均属于高温稳定性范畴。稳定性不足问题,一般出现在高温、重载以及抗剪切能力不足,即沥青路面的劲度较低的情况下。随着交通量的不断增大以及车辆行驶的渠化,沥青路面在行车荷载的反复作用下,会由于永久变形的累积而导致道路表面出现车辙,导致路表过量变形,影响了路面的平整度和行车舒适性。轮迹处沥青面层厚度减薄,削弱了面层的整体刚度,从而易于诱发其他病害。雨天路表排水不畅,降低了路面的抗滑能力;由于车辙内积水而使车辆漂滑,影响了高速行车的安全性;车辆在超车或更换车道时方向失控,影响了车辆操控的稳定性。可见,车辙的产生会严重影响路面的使用寿命和服务质量。

二、车辙试验

一般说来,稠度高的沥青,软化点高,温度稳定性好,在高温下仍能保持足够的黏滞性,使混合料具有一定的强度和劲度,而不致出现过大的变形。而稠度低的沥青,软化点低,在高温下黏度(黏度是用来描述液体流动阻力的材料特性)迅速降低,混合料在荷载作用下即出现大的变形。由于各种沥青对温度有不同的敏感性,感温性强的沥青高温稳定性必定不良。含蜡量高的沥青,当温度接近软化点温度时,蜡的熔融会引起沥青黏度的明显降低而失稳。另外,沥青中沥青质的含量对其热稳定性也有一定的影响,一般沥青质含量高的沥青热稳定性也好。在沥青中添加聚合物进行改性,也能明显提高其高温稳定性。一般说来,稠度高的沥青,软化点高,温度稳定性好,在高温下仍能保持足够的黏滞性,使混合料具有一定的强度和劲度,而不致出现过大的变形。而稠度低的沥青,软化点低,在高温下黏度迅速降低,混合料在荷载作用下即出现大的变形。由于各种沥青对温度有不同的敏感性,感温性强的沥青高温稳定性必定不良。含蜡量高的沥青,当温度接近软化点温度时,蜡的熔融会引起沥青黏度的明显降低而失稳。另外,沥青中沥青质的含量对其热稳定性也有一定的影响,一般沥青质含量高的沥青热稳定性也好。在沥青中添加聚合物进行改性,也能明显提高其高温稳定性。

黄文元[37]研究了不同目数、不同胶粉掺量的橡胶沥青和SBS改性沥青、基质沥青的SHRP高温分级,得出了以下的结论:上述不同沥青的高温分级次序是40目17%橡胶沥青(76℃)>80目17%橡胶沥青(76℃)>120目17%橡胶沥青(70℃)≈SBS改性沥青(70℃)>80目10%橡胶沥青(70℃)>70号基质沥青(64℃)。说明橡胶粉对于沥青高温性能的改性效果是非常明显的。

以往的研究表明:橡胶粉改性可以明显提高沥青的黏度和SHRP高温指数的值。因为橡胶沥青黏度高、软化点高、弹性恢复好(橡胶沥青高温下更黏稠、更有弹性)。但橡胶沥青对于混合料高温性能的影响还缺乏系统的研究。在本节中,研究人员将橡胶沥青结合料对于橡胶沥青混合料高温性能的影响因素进行了比较系统的研究。涉及的内容有:橡胶粉的性质、橡胶沥青的细度和不同的级配。

1. 橡胶粉性质对橡胶沥青混合料高温性能的影响

橡胶粉改性沥青是轮胎橡胶粉在高温条件下(180℃以上)与基质沥青溶胀反应得到的改性沥青胶结料。橡胶粉在与沥青高温充分混合状态下吸收沥青轻质组分而溶胀,同时在颗粒表面形成沥青质含量很高的凝胶膜。橡胶沥青中橡胶粉掺量通常接近20%,融胀后橡胶粉体积达到胶结料的近40%,橡胶粉颗粒通过凝胶膜连接,形成一个黏度很大的半固态连续相体系。

由于橡胶沥青中胶粉的掺量接近20%,所以它的性质必然会对胶粉改性沥青混合料高温性能有较大的影响。

随着橡胶粉来源、加工工艺的不同,橡胶粉的化学组分以及级配组成、粗糙度、颗粒形状等物理参数会有很大的差别。这样势必会增大胶粉改性沥青性质的不稳定性,在混合料的路用性能上也会存在很大差别。本节研究人员选择了新疆库尔勒合兴橡胶厂、中国石油天然气股份有限公司克拉玛依炼油研究院两处的20目轮胎橡胶粉做对比试验。将上述两种胶粉与克拉玛依90号基质沥青制备了两种橡胶粉改性沥青,采用AR-AC-13级配,进行车辙试验,试验的结果见表2-9。

车辙试验结果表 表2-9

胶 粉 来 源	动稳定度(次/mm)	180℃旋转黏度(Pa·s)
库尔勒	6 488	4.0
克拉玛依	6 213	1.6

由图2-17的结果可以看出,不同来源的胶粉制备的胶粉改性沥青混合料的高温抗车辙性能差别不是很大,库尔勒和克拉玛依两地的胶粉制备的橡胶沥青混合料高温性能很接近且都不错,克拉玛依胶粉混合料的动稳定度是库尔勒胶粉动稳定度的95.7%。橡胶沥青质量控制的流程中,胶粉来源是第一个环节,也是关键的一环。从根本上说,研究人员认为上述差异是橡胶沥青的黏度对混合料动稳定度的影响。表2-9可以看出,随着沥青黏度的下降,混合料的动稳定度也随着下降。但有一点需要指出的是:库尔勒和克拉玛依这两种胶粉制备的混合料的动稳定度几乎一样,可是黏度上表现的差别较大,这和胶粉产地有着密切的关系。

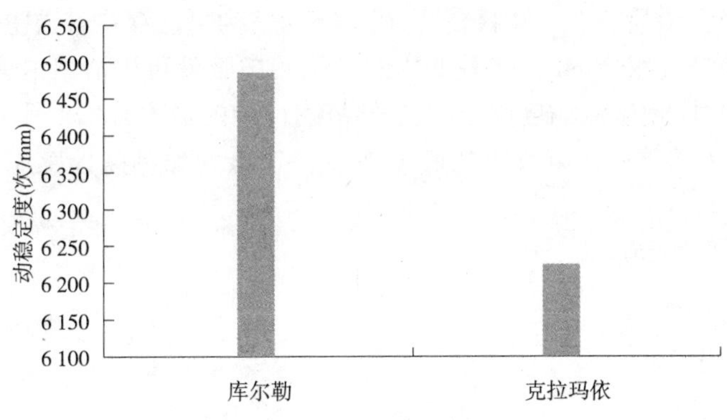

图 2-17　动稳定度对比图

2. 橡胶粉的细度对胶粉改性沥青混合料高温性能的影响

ASTM 有一整套按照轮胎橡胶粉的颗粒分布进行分类的方法。分类名称按照公称最大粒径,分为 10 ~ 80 目(分类级差为 10 目)、100 ~ 140 目(分类级差为 20 目)、170 目、200 目总计 13 类。

早期的常温工艺处理只能得到 60 目的胶粉,目数过低不利于胶粉和沥青的充分熔炼,不利于橡胶沥青的存储稳定性。近些年来,国外的胶粉技术发展很快,工业化的胶粉已经超过 200 目。本研究选择的是目前国内工程经常应用的两种不同目数(20 目、40 目)产地为乌鲁木齐胶粉,制备了两种胶粉改性沥青。两种胶粉沥青的胶粉掺量都是 19%,基质沥青都是克拉玛依 90 号,加工工艺都是简单搅拌 90min。拌和混合料进行车辙试验,结果如表 2-10 所示,动稳定对比如图 2-18 所示。

车辙试验结果表　　表 2-10

胶 粉 细 度	动稳定度(次/mm)	180℃旋转黏度(Pa · s)
20 目	6 488	4.0
40 目	6 767	1.7

总的来说,因为这两种胶粉都含有少量杂质,但是它们制备胶粉改性沥青混合料的高温性能表现得都很好,远远大于国家规定的 3 000 次/mm。从具体的数据看,40 目的胶粉制备的混合料的动稳定度最大,其次是 20 目,但从橡胶沥青的黏度上看,似乎和上述黏度与动稳定度单调规律不符,20 目的橡胶沥青黏度最大。究其原因,研究人员认为首先是这两种细度胶粉制备的混合料的动稳定度相差都不大,与之对应的黏度差距却很大,再加上受时间、精力的限制,试验数据所取的样本数量有限,上述的数据结果可能并不具有代表性。其次,对于不同目数的胶粉制备的混合料的动稳定度,可能存在一个峰值,例如上述情形的 40 目对应的动稳定度

就是一个峰值。最后，对于20目黏度，研究人员认为可能存在着试验假象，因为20目的胶粉颗粒还是很粗的，在橡胶沥青制备后用肉眼就可以清楚地看到沥青里的胶粉颗粒。另外，用来测黏度是布氏旋转黏度计，用的最大号(28号)转子，转子与试样桶壁的间距很小，如果有大的胶粉颗粒肯定会增加黏度计感应的扭矩，增大读数。

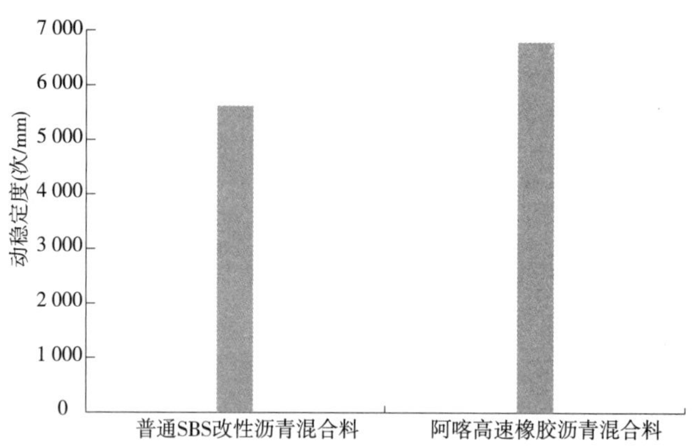

图2-18　动稳定度对比图

另一方面，现在国内的工程界在橡胶沥青混合料设计、施工时还是更倾向于用目数大即细的胶粉。实践表明，细胶粉制备橡胶沥青时存在一个很大的问题：存储稳定性，即橡胶沥青的“降黏”问题。前面一直在强调的就是黏度对于橡胶沥青混合料的重要影响，所以降黏是橡胶沥青混合料施工中最应重视问题之一。

3. 不同级配对橡胶沥青混合料高温性能的影响

不同级配对橡胶沥青混合料高温性能影响见表2-11、图2-19。

动稳定度对比表　　表2-11

试验项目 / 沥青混合料型号	动稳定度(次/mm)	变异系数
克拉玛依90号(AC16)	1 165	—
普通SBS改性沥青混合料(AC16)	5 624	13
阿喀高速橡胶沥青混合料(AR-AC16C)	6 767	6.00
克白路橡胶沥青混合料(SMA13)	6 833	9.85
吐乌大高速公路橡胶沥青混合料(AR-AC13)	6 488	7.83

二、北疆地区气候环境及技术指标

北疆即天山以北地区。包括乌鲁木齐、吐鲁番地区、阿勒泰地区、塔城地区、昌吉地区、伊犁、博尔塔拉等地区。北疆所属温带内陆干旱区山地气候，春、夏季多雨湿润，冬、秋季少雨，日照充足，冬季漫长，日温差大。最大年降水量500mm，大部分地区的年降水量只有200mm左右。北疆地区的降水量差异性较大，山区的年降水量可达500～600mm，伊犁地区的年降水量可达1 000mm，最大积雪厚度150cm，年平均气温－4～9℃，最冷月平均气温为－14℃左右，冬季极低温度达到－30℃，全年无霜期140～185天。北疆年平均蒸发量为1 500～2 200mm，山区年蒸发量多在1 000mm以下。北疆冬季长达5个月，北部和西部夏季仅为2个月，入秋气温下降显著，各地气温平均月下降10℃左右；冬季北疆在山区至盆地边缘积雪较多，易产生雪害，受逆温层影响，中低山区气温较盆地高，除风口外冬季少有大风。

按照《公路沥青路面施工技术规范》(JTG F40—2004)中气候分区的分类，该项目处于1-1区、1-2区、1-3区，分别为夏炎热冬寒半干旱区、夏炎热冬寒干旱区、夏炎热冬冷干旱区。北疆地区气候状况见表4-18。

北疆地区气候数据　　表4-18

三级区划	地　名	年极端最低气温(℃)	7月年平均最高气温(℃)	温差(℃)	降水量(mm)	潮湿系数
VI2-A	哈巴河	－43.8	28.2	72.0	186.2	0.20
VI2-A	布尔津	－46.7	25.5	72.2	139.3	0.21
VI2-A	福海	－42.7	29.1	71.8	123.2	0.22
VI2-A	和布克赛尔	－33.6	25.4	59.0	145.6	0.21
VI2-A	阿拉山口	－34.4	34.8	69.2	110.6	0.23
VI2-A	博乐	－36.2	26.4	62.6	186.4	0.22
VI2-A	北塔山	－36.0	23.7	59.7	176.5	0.23
VI2-A	温泉	－19.2	23.4	42.6	233.1	0.2
VI2-A	精河	－36.3	32.7	69.0	102.6	0.22
VI2-A	乌苏	－37.6	32.9	70.5	169.2	0.24
VI2-A	沙湾	－39.2	30.8	70.0	200.8	0.24
VI2-A	乌兰乌苏	－16.6	24.8	41.4	230.8	0.20
VI2-A	玛纳斯	－37.4	30.3	67.7	196.0	0.24

续上表

三级区划	地　名	年极端最低气温(℃)	7 月年平均最高气温(℃)	温差(℃)	降水量(mm)	潮湿系数
VI2-A	呼图壁	-42.7	30.5	73.2	177.6	0.23
VI2-A	昌吉	-37.3	31.2	68.5	189.3	0.22
VI2-A	奇台	-38.2	28.1	66.3	187.4	0.23
VI2-A	达坂城	-33.1	30.4	63.5	72.1	0.20
VI4a-1	塔城	-40.0	30.5	70.5	289.4	0.60
VI4a-1	裕民	-32.1	27.9	60.0	286.8	0.55
VI4a-1	额敏	-28.0	26.7	54.7	280.8	0.70
VI4a-1	托里	-11.4	23.8	35.2	244.8	0.50
VI4a-2	克拉玛依	-42.0	30.6	72.6	113.5	0.45
VI4b-1	霍尔果斯	-37.4	28.6	66.0	239.0	0.28
VI4b-1	霍城	-11.7	29.1	40.8	267.5	0.27
VI4b-1	察布查尔	-40.9	26.2	67.1	218.3	0.26
VI4b-1	伊犁	-21.3	24.9	46.2	275.8	0.28
VI4b-1	伊宁县	-17.0	25.9	42.9	276.1	0.31
VI4b-1	巩留	-12.0	24.5	36.5	274.0	0.31
VI3-A	红山嘴口岸	-38.0	31.0	69.0	126.0	0.60
VI3-B	黑山头	-18.6	21.8	40.4	156.0	0.50
VI3-B	吉木乃	-12.5	23.5	36.0	207.4	0.45
VI3-B	阿勒泰	-45.9	28.2	74.1	196.4	0.44
VI3-B	富蕴	-50.7	28.9	79.6	186.3	0.38
VI3-B	青河	-51.2	25.3	76.5	174.0	0.40
VI4-A	炮台	-21.2	28.0	49.2	153.1	0.70
VI4-A	新源	-12.9	23.2	36.1	498.9	0.80
VI4-A1	昭苏	-30.4	16.9	47.3	508.0	0.70
VI4-A1	特克斯	-15.0	22.5	37.5	391.1	0.75
VI4-B	石河子	-41.0	32.7	73.7	210.4	0.33
VI4-B	米泉	-17.0	26.9	43.9	241.1	0.40

2013 年 9 月,新疆交通科学研究所联合克拉玛依沥青公司炼化院、克拉玛依油田建筑工程公司开展橡胶沥青首次在新疆夏炎热冬严寒区(1-1 区)重载交通城市道路中的应用,在克拉玛依—白碱滩城市快速路铺筑了试验段。路面结构见表 4-19。将橡胶沥青技术指标列于表 4-20。北疆地区推荐橡胶沥青技术指标列于表 4-21。

克拉玛依—白碱滩城市快速路路面结构 表 4-19

层 位		结构类型	结构层厚度(cm)
面层	上	细粒式沥青玛蹄脂碎石(AR-SMA-13)	4
	下	粗粒式沥青混凝土(AC-25)	7
基层		4.5% 水泥稳定砂砾	30
垫层		天然级配砂砾	30
总厚度			71

克拉玛依—白碱滩城市快速路橡胶沥青技术指标 表 4-20

试验项目	单 位	试验数值	试验方法
针入度(25℃,100g,5s)	0.1mm	73	T 0604—2011
延度(5℃,5cm/min)	cm	21.0	T 0605—2011
软化点 TR&B	℃	61.0	T 0606—2011
弹性恢复	%	90	T 0662—2011
180℃旋转黏度	Pa·s	1.8	T 0625—2011

北疆地区推荐橡胶技术指标 表 4-21

基质沥青	180℃旋转黏度(Pa·s)	针入度(0.1mm)	软化点(℃)	弹性恢复(%)	5℃延度(cm)
110 号、90 号	1.0~3.5	60~100	>50	>50	>12

三、东疆地区气候环境及技术指标

东疆与甘肃省酒泉市相邻,南与巴音郭楞蒙古自治州相连,西与吐鲁番、昌吉回族自治州毗邻,北与蒙古国接壤,包括哈密市、巴里坤哈萨克自治县和伊吾县,总面积 15.3 万平方公里。东疆所属区域气候属于中温带大陆干旱气候,冬季长而严寒,夏季短而炎热,昼夜温差大,冰冻期长,降水量小,蒸发量大,日光充足,气候干燥,春、夏季多风。哈密地区的年降水量仅达 10mm 左右,三塘湖、淖毛湖年蒸发量可达 4 000mm 以上,且年蒸发量大于南疆。

按照《公路沥青路面施工技术规范》(JTG F40—2004)中气候分区的分类,该片区处于1-3区,为夏严热冬冷干旱区。东疆片区气候状况如表4-22所示。

东疆地区气候数据 表4-22

三级区划	地　名	年极端最低气温(℃)	7月年平均最高气温(℃)	温差(℃)	降水量(mm)	潮湿系数
Ⅵ2-A	淖毛湖	-25.7	28.9	54.6	41.3	0.20
Ⅵ2-A	伊吾	-31.9	23.4	55.3	100.2	0.25
Ⅵ2-B	五彩湾	-30.0	25.5	55.5	133.6	0.18
Ⅵ2-B	火烧山	-31.0	26.1	57.1	146.0	0.18
Ⅵ2-C	古尔班通古特沙漠	-31.0	40.0	71.0	78.0	0.01
Ⅵ2-D	库米什	-12.4	26.4	38.8	53.8	0.03
Ⅵ2-E	七角井	-31.6	32.9	64.5	36.1	0.18
Ⅵ2-E	十三间房	-18.1	34.2	52.3	22.2	0.02
Ⅵ2-E	托克逊	-28.0	32.1	60.1	7.1	0.015
Ⅵ2-E	吐鲁番东坎	-13.1	36.9	50.0	15.4	0.012
Ⅵ2-E	吐鲁番	-25.2	39.7	64.9	16.0	0.013
Ⅵ2-E	鄯善	-20.8	31.1	51.9	27.1	0.013
Ⅵ2-E	哈密	-31.2	29.0	60.2	38.8	0.016
Ⅵ2-E	红柳河	-19.7	26.3	46.0	51.2	0.018

2009年8月,新疆交通科学研究院与香港君达集团广州分公司、新疆交通建设管理局在G216线吐—乌—大高等级公路大黄山幸福路口至天池路口段开展了橡胶沥青混合料罩面技术的试验路应用研究。该路段1998年之前为二级路(现有道路的上行线),路面结构形式是:4cm中粒式沥青混凝土+6cm沥青碎石+18cm 4%水泥稳定砂砾+24cm天然砂砾。2006年在原有二级路(上行线)左侧新建一幅二级路作为下行线,采用分向行驶通行方式(原有上行线未改造),升级改造为一级路。改造后路面结构是:4cm中粒式沥青混凝土+6cm粗粒式沥青混凝土+20cm 5%水泥稳定砂砾+34cm天然砂砾。现将橡胶沥青技术指标列于表4-23。东疆地区推荐橡胶沥青技术指标列于表4-24。

克拉玛依—白碱滩城市快速路橡胶沥青技术指标 表4-23

试验项目	单位	试验数值	试验方法
针入度(25℃,100g,5s)	0.1mm	59.0	T 0604—2011
延度(5℃,5cm/min)	cm	9.0	T 0605—2011
软化点 TR&B	℃	63.0	T 0606—2011
弹性恢复	%	71.2	T 0662—2011
180℃旋转黏度	Pa·s	2.7	T 0625—2011

东疆地区推荐橡胶技术指标 表4-24

基质沥青	180℃旋转黏度(Pa·s)	针入度(0.1mm)	软化点(℃)	弹性恢复(%)	延度(5℃)(cm)
70号	2.5~5.0	30~70	>65	>60	>8

为验证橡胶沥青路用性能,对橡胶沥青上面层试铺工程的压实度、弯沉、渗水系数、摩擦系数、构造深度进行检测,各项指标均满足规范及设计要求。

综上所述,参照国内外经验制定适用于新疆气候环境下的橡胶沥青技术指标,现将技术指标列于表4-25。

寒冷地区气候环境下橡胶沥青技术指标 表4-25

技术指标	寒区	温区	热区
基质沥青	110号、90号	90号、70号	70号
180℃旋转黏度(Pa·s)	1.0~3.5	2.0~4.0	2.5~5.0
针入度(0.1mm)	60~100	40~80	30~70
软化点(℃)	>50	>58	>65
弹性恢复(%)	>50	>55	>60
5℃延度(cm)	>12	>10	>8

第四节 寒冷地区橡胶改性沥青感温性能分析

一、橡胶沥青的高温性能分析

沥青的高温稳定性是指路面温度高时沥青混合料的抗塑性、抗拥包、抗车辙凹陷等的性能,本研究用25℃针入度、软化点、黏度等技术指标及 SHRP 技术指标来评价橡胶沥青的高温性能。本研究采用常温法生产的斜交胎胎胶粉改性沥青性能试验结果,基质沥青为克拉玛依 90 号沥青。

1. 针入度

针入度是表示沥青软硬程度和稠度、抵抗剪切破坏的能力,反映在一定条件下沥青的相对黏度的指标。

由图 4-1 可知,掺加橡胶粉后,40 目橡胶沥青的针入度较 60 目橡胶沥青而言有所降低。随着橡胶粉掺量的增加,针入度继续降低;随着胶粉粒径的减小,目数的增大,针入度进一步减小。这可以从橡胶沥青改性机制得到解释,橡胶粉加入到基质沥青后,吸收轻质组分而膨胀,使沥青质含量相对增加,沥青胶体结构进一步向溶凝胶型及凝胶型结构发育。掺量越多,粒径越细,发育越成熟,沥青高温稳定性越好。

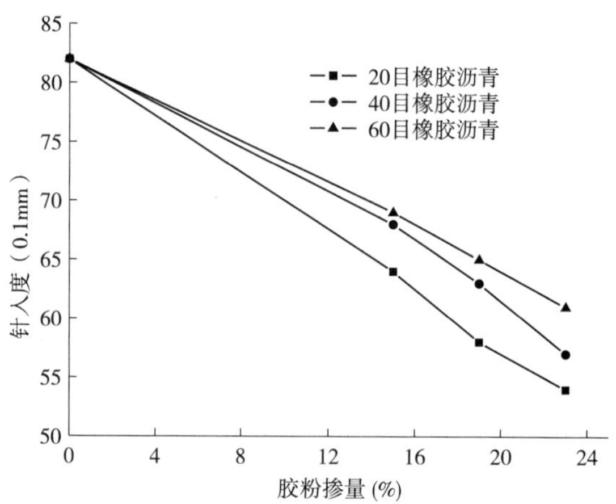

图 4-1 针入度随不同粒径、不同掺量橡胶粉的变化

需要指出的是,溶胀后的胶粉颗粒体积达到改性沥青体积的30% ~40%,橡胶沥青内大橡胶颗粒的存在使常用试针产生较大随机误差;且在针入度试验温度25℃下,橡胶颗粒的模量比沥青高,试针若插入到胶粉颗粒体上,会使针入度值偏小;若试针插入到胶粉颗粒体外,测得的针入度值又偏大。胶粉颗粒的存在使得橡胶沥青针入度测试试验结果随机误差较大。

2. 软化点

沥青材料是一种非晶质高分子材料,它由液态凝结为固态,或由固态凝结为液态时,没有明确的固化点或液化点,通常采用硬化点和滴落点来表示。沥青材料处于硬化点至滴落点之间的温度阶段时,呈黏滞流动状态,取滴落点和硬化点之间温度间隔的87.21%作为软化点。软化点与沥青黏度有一定相关性,能够反映沥青的高温性能。一般来说,稠度低的沥青,软化点也低,反之沥青的稠度越高,软化点也越高。

由图4-2可知,由于橡胶粉的掺入,60目橡胶沥青的软化点相对40目橡胶沥青有很大提高,最多可提高约20℃。随胶粉掺量增加,橡胶沥青软化点有升高趋势,但增高幅度趋缓,尤其是掺量为19%～23%时;随胶粉粒径的减小,目数的增加,橡胶沥青的软化点趋于升高,但升高幅度并不明显,说明橡胶沥青的软化点对胶粉粒径不敏感。

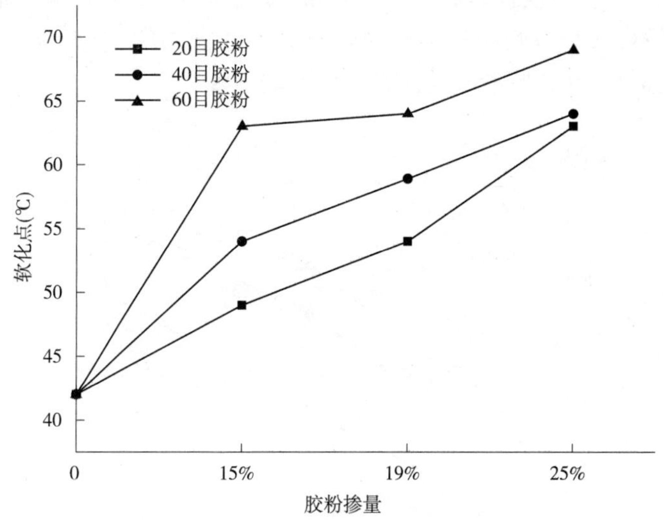

图4-2　软化点随不同粒径、掺量的胶粉变化

一直以来,很多专家认为,国产沥青蜡含量较高,因此用环球法测得的软化点指标来评价国产沥青高温性能并不合适,当试验温度接近石蜡融化温度(50℃)时,蜡含量增加,使沥青的黏度大大降低,未能准确表征沥青的高温性能。而橡胶沥青中的胶粉颗粒会吸收基质沥青中的轻组分,减少国产基质沥青中的蜡含量,从而减小蜡含量对环球法测软化点试验的误差;另一方面,橡胶颗粒在基质沥青中溶胀后形成高黏度的半固态连续相体系,钢球在该体系中下沉阻力由周围橡胶沥青的黏滞力来提供,黏滞力会随温度上升而减小,因此用环球法测得的软化点在一定程度上可以反映橡胶沥青的高温流动性能。

3. 黏度

黏度是评价橡胶沥青性能的关键指标之一。黏度度量的是黏结剂流动的阻力,这一阻力是与橡胶沥青液固两态的组成时间直接相关的。黏度单位为“帕·秒”(Pa·s),是由长度、质量、时间为基本单位导出的,表示每单位面积可以受到的内摩阻力。橡胶沥青的黏度不仅直接反映了黏结剂的流动特性,也间接反映了橡胶粉在沥青中的相互作用(反应)情况,从而间接反映了黏结剂的各种物理、力学特性的指标。所以橡胶沥青的黏度能在一定程度上反映出高温性能的优劣。

结合图4-3知,由于橡胶粉的掺入,橡胶沥青的180℃旋转黏度较大,呈现出高黏度沥青的特点。针对本研究所用原材料,胶粉粒径在20~60目,掺量在15%~23%时,橡胶沥青旋转黏度变化规律:随胶粉掺量增加,粒径减小,目数增大,橡胶沥青旋转黏度增大。橡胶沥青黏度受橡胶粉掺量影响较大,随掺量增加,黏度增加幅度较大;胶粉目数对橡胶沥青旋转黏度影响不显著,60目胶粉改性沥青在各个掺量下的黏度都比40目胶粉改性沥青黏度增加不多。

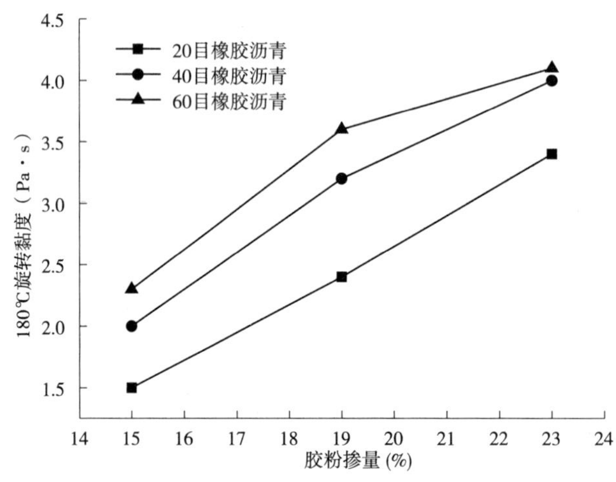

图4-3 不同规格橡胶粉掺量与改性沥青黏度关系曲线

4. 车辙因子

美国SHRP规范定义 $G^*/\sin\delta$ 用以表征沥青材料的抗永久变形能力,反映了沥青的高温稳定性能,采用动态剪切流变仪(DSR),对沥青进行动态剪切试验,以 $G^*/\sin\delta$ 作为评价沥青结合料高温稳定性的指标,并且原样沥青的 $G^*/\sin\delta$ 不得小于1.0kPa,RTFOT残留沥青不得小于2.2kPa。

沥青试样被放入平板中,测定沥青的复数剪切模量 G^* 和相位角 δ。复数剪切劲度模量 G^* 是材料重复剪切变形时总阻力的度量,它由动力弹性模量 $G' =$

$G^*\cos\delta$（可恢复的弹性部分）和损失弹性模量 $G''=G^*\sin\delta$（不可恢复的黏性部分）组成。δ 是相位角，而 $\tan\delta=G''/G'$，表示剪切劲度模量黏性成分与弹性成分的比例。图 4-4 是沥青黏弹性复数模量的极坐标表达式：

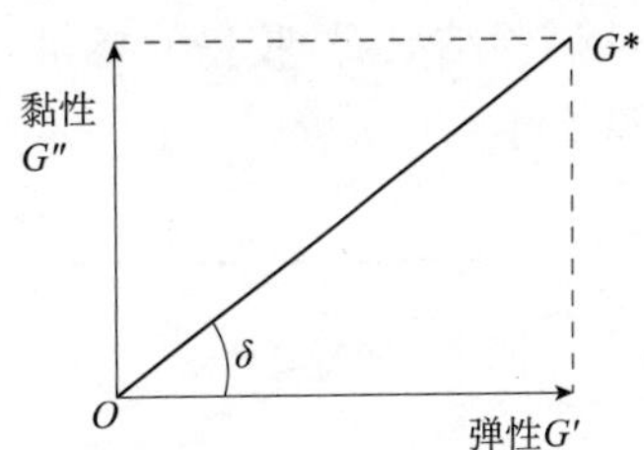

图 4-4　沥青黏弹性复数模量的极坐标表达式

其中 δ 是弹性和黏性变形数量的相对指标，δ 越小表示材料越接近弹性体。

美国亚利桑那州的研究认为，橡胶沥青在高温下的 DSR 试验的剪切模量和相位角不敏感；在中间温度 25℃ 情况下，DSR 的剪切模量和相位角敏感；而且橡胶沥青的 DSR 试验的变异系数大。例如，一般沥青剪切模量小于 5MPa，但橡胶量的变异系数为 28%～35%。

二、橡胶沥青低温性能分析

沥青材料的低温抗裂性能指标一直是沥青材料研究的重要内容。本研究针对橡胶沥青的性能特点，结合国内目前的技术条件，选择合适的技术指标来客观地评价其低温性能。

1. 低温延度

延度是表示沥青在一定温度下断裂前的扩展或伸长的能力，它的本质是沥青的流变性，在一定程度上反映了沥青的变形能力和抗裂性能。延度这项指标在国际上有不少争议，有一种意见认为，不能绝对地说延度大的沥青就一定是好沥青，或者说延度小的沥青就一定不好，但大部分意见还是认为延度值稍大。

沥青的延度是用规定的试件，在一定温度下以一定速度拉伸至断裂时的长度，以 cm 表示。沥青延度是沥青拉伸过程中剪切面上的剪切力大于沥青内聚力时引起断裂时的长度，它的大小取决于沥青的胶体性质及流变性质（黏弹性），这与沥青的化学组成有关，所以延度又最终决定于沥青的劲度，并与试验温度、拉伸速度、水浴恒温时间以及水浴温度等因素有关。

要想通过黏度来反映橡胶沥青的低温性能，就必须采用降低试验温度的方法。表 4-26 为交通运输部公路研究院橡胶沥青延度（5℃）试验结果汇总表，从表中可以看出，胶粉掺量的增加对低温延度有显著的影响，表现为随着胶粉掺量增加，低温延度显著增加。

考虑到低温条件下沥青的脆性大，5cm/min 的拉伸速率对试验结果的影响较大，山东省交通科学研究院对不同掺量的橡胶沥青进行了 4℃ 延度试验（表 4-27）。

从试验结果看，胶粉的掺量对沥青的低温延度有明显的规律性影响，且4℃延度普遍大于5℃延度。

橡胶沥青延度(5℃)试验结果汇总 表4-26

胶粉粒径	胶粉掺量		
	5%	10%	20%
20目	—	9.93	9.33
40目	10.43	10.98	20.67
60目	5.50	11.17	15.83

橡胶沥青5℃与4℃延度结果 表4-27

胶粉掺量	5%	10%	15%	20%	25%	30%
5℃延度	5.5	7.0	9.2	13.5	23.7	34.5
4℃延度	8.5	10.2	12.5	16.7	27	39.5

通过以上分析可知，在低温条件下橡胶沥青具有良好的延展性。

2. 当量脆点 $T_{1.2}$

有资料证明，当量脆点作为评价沥青结合料低温性能指标是合理的，与路用性能有很好的相关性。表4-28为根据针入度试验结果计算的当量脆点汇总表。由试验结果可知，随胶粉掺量的增加，橡胶沥青的当量脆点明显降低；在掺量较高时橡胶沥青的当量脆点低于基质沥青。

不同掺量的橡胶沥青的当量脆点试验结果(℃) 表4-28

胶粉粒径	胶粉掺量		
	5%	10%	20%
20目	-7.23	-10.2	-15.3
40目	-10.27	-7.8	-13.2
60目	-8.18	-11.3	-11.3

3. 弯曲梁流变仪

弯曲梁流变仪(BBR)是一种简单的试验仪器，利用传统的弯曲蠕变原理用以测定常温条件下沥青胶料劲度模量。图4-5是BBR沥青模具装配示意图。胶结料小梁为双支撑中间加载模式，采用经典的小梁蠕变劲度计算。

由图4-6知，60目橡胶改性沥青的BBR弯拉模量显著比40目橡胶改性沥青低，随胶粉掺量增加，粒径减小，劲度模量降低。由于有橡胶粉的大量掺入，溶胀后的橡胶颗粒可以达到橡胶沥青体积的 30% ~40%，因此低温时橡胶沥青更多地表现出橡胶类材料的弹性，使橡胶沥青具有优良的低温柔韧性和变形能力。

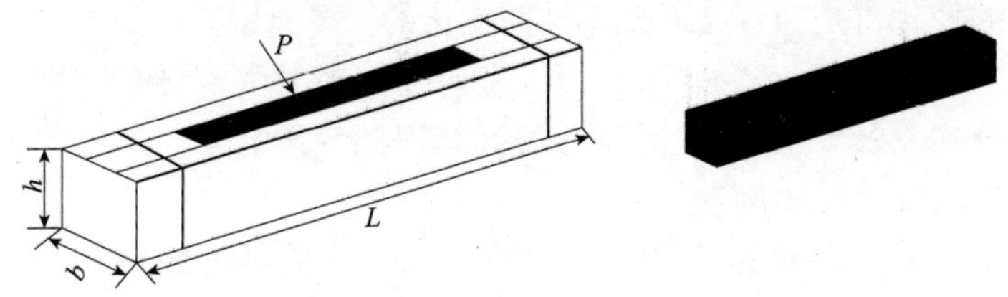

图 4-5　BBR 沥青模具装配示意图

注：P 为中点恒载，L、b、h 分别为小梁的支撑点间距、梁的高度和宽度。

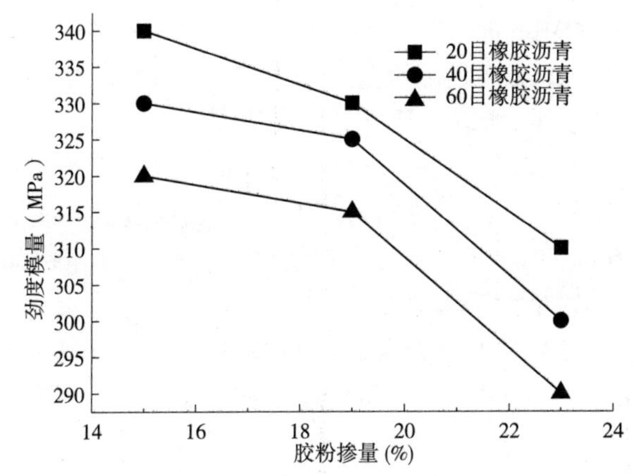

图 4-6　不同规格橡胶粉改性沥青低温模量与胶粉掺量关系曲线

BBR 方法的物理意义明确，测试得到的是能够模拟路面结构实际低温条件的受拉蠕变劲度，因而是衡量胶结料在低温条件下变形和拉应力关系的可靠指标，同时也是反映沥青胶结料低温柔性的指标，从橡胶沥青改性机制上讲，该指标适合用来评价橡胶沥青的低温性能。

第五节　高紫外线抗老化抗重载的橡胶沥青性能分析

沥青路面在使用过程中由于环境因素以及荷载的作用，特别是在水分、紫外线、氧气的长期作用下，会发生老化，其老化是一个比较缓慢并且延续的过程。在路面开放交通 2 ~3 年间，老化速度稍微快些，以后慢慢变缓。由于环境因素的复杂性,使用期间的老化过程也非常复杂。但是,对已经经过高温拌和的沥青混合料来说,轻质油分的挥发损失已经不是沥青老化的主要原因,因而与大气中氧的反应及分子结构的变化将是沥青路面使用期间老化的主要原因。

我国北方地区太阳能辐射资料以及《中国太阳辐射资料》统计分析,按照天文总辐射计算公式以及太阳辐射计算公式,计算得到我国北方各地区的年太阳辐射总量。本节以新疆地区为例进行研究。

新疆太阳年总辐射量达 5 000 ~ 6 400MJ/m^2,比同纬度的华北和东北地区多 620 ~ 840MJ/m^2,比长江中下游多 1 250 ~ 2 090MJ/m^2,居全国前列。

全疆紫外线年总辐射量介于 350 ~ 448MJ/(m^2 · a)之间,呈纬向分布:由南向北逐渐减小。其中:

①北疆为 356 ~ 399MJ/(m^2 · a),准噶尔盆地为 356 ~ 380MJ/(m^2 · a),为全疆紫外线年总辐射量低值区,尤以盆地西部的克拉玛依一带为最低,仅有 356MJ/(m^2 · a)。由于准噶尔盆地紫外辐射少,所以其秋季又比南疆空气湿度大。

②南疆紫外线年总辐射量为 399 ~ 444MJ/(m^2 · a),高于北疆地区,尤以哈密盆地罗布泊地区为全疆紫外线年总辐射最大的地区,这是由于该地区云量少,直接太阳辐射强,可达 6 300MJ/(m^2 · a),比其他地方多 400 ~ 1 400MJ/(m^2 · a),致使该地区紫外线年总辐射量大于其他地区。

③新疆东部紫外年总辐射量为 402 ~ 444MJ/(m^2 · a),与其同纬度的西部地区紫外线年总辐射量仅为 380MJ/(m^2 · a)左右,相差较大。

④塔克拉玛干沙漠腹地紫外线辐射高于其边缘绿洲。这是由于沙漠地处塔里木盆地,紫外线辐射总量增大所致,值得指出的是在塔克拉玛干沙漠南缘(青藏高原北缘),受浮尘影响致使该区域太阳辐射总量减少,紫外线辐射总量也相应减少。

全疆各地紫外线辐射最低值出现在太阳高度角最小的 12 月,最高值一般出现在 6 月或 7 月,且秋、冬两季紫外线辐射量随纬度的增加略有下降;而春、夏两季的紫外线辐射则波动不大,南北疆差异不明显。

根据所调查的气象资料,本研究选择新疆比较有代表性的地区(紫外线年总辐射量最大的地区)——哈密盆地罗布泊地区,太阳辐射强度为 6 300MJ/(m^2 · a)[即 630kJ/(cm · a)]。

一、室内模拟试验方案

由于在自然条件下沥青的老化周期较长,一般为 18 ~ 30 个月,若是在自然条件下进行橡胶沥青的光老化试验研究其老化规律,所需时间长,为了能够快速又准确地模拟橡胶沥青的光老化,需要采用人工强紫外线光源环境箱的试验方法进行加速老化,将室外强日光紫外线辐射时间换算成室内强紫外线辐射时间,缩短室内模拟老化时间。本研究对橡胶沥青进行室内模拟光老化试验,分别模拟室外自然老化3个月、6个月、9个月、12个月、15个月的橡胶沥青。

1. 短期老化

进行紫外线室内试验时,采用紫外线光老化模拟环境箱模拟长期光老化过程,在进行光老化操作前,首先需要进行沥青薄膜加热试验或沥青旋转薄膜加热试验模拟短期热老化5h。

2. 光老化试验

将经过短期热老化的试样放置在AIUREB(人工强紫外线光源环境箱)内接受强紫外线辐射。控制AIUREB内的温度,冬季控制在20℃以下,夏季控制在40℃以下,以避免沥青试样的热老化;控制AIUREB内的照射时间,每日从早上5:30至晚上21:30,每天照射16h,间隔8h。

将制备好的橡胶沥青试样先进行薄膜烘箱短期老化5h,然后放入光老化仿真系统进行紫外线辐射(图4-7),按照老化时间,分别于第16.4天(模拟3个月)、32.8天(模拟6个月)、49.2天(模拟9个月)、65.6天(模拟12个月)、82天(模拟15个月)取出老化后残留样,对橡胶沥青原样、短期老化后残留样、光老化后残留样分别进行针入度、软化点、延度、弹性恢复、黏度、车辙因子、蠕变劲度和蠕变速率各项指标的测试。

图4-7　光老化仿真试验

二、测试结果分析

1. 常规指标测试结果

将经过不同紫外线照射时间后的橡胶沥青进行常规指标检测,测试结果见表4-29。

橡胶沥青不同照射时间的常规性能指标试验结果　　表 4-29

性能指标	老化时间						
	原样	TFOT	3 月	6 月	9 月	12 月	15 月
针入度(5s,100g,25℃)(0.1mm)	59.2	58.9	54.9	49.3	46.4	43.8	42.1
15℃延度(5cm/min)(cm)	19.8	18.8	14.7	12.9	11.6	10.7	9.5
软化点(℃)	68.9	71.2	72.6	76.4	78.3	79.5	80.2
180℃布氏黏度(Pa·s)	1.960	1.974	2.272	2.425	2.765	2.861	2.932
25℃弹性恢复(%)	65	74	75	76	77	79	79

为便于分析,将表 4-29 中的数据绘制柱状图,如图 4-8 ~ 图 4-12 所示。

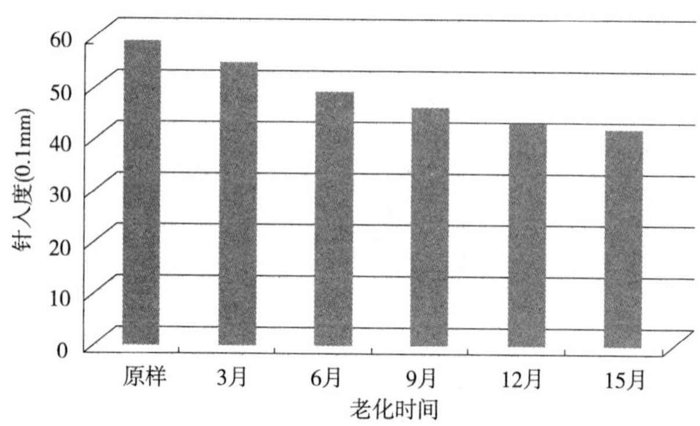

图 4-8　针入度随光老化时间的变化

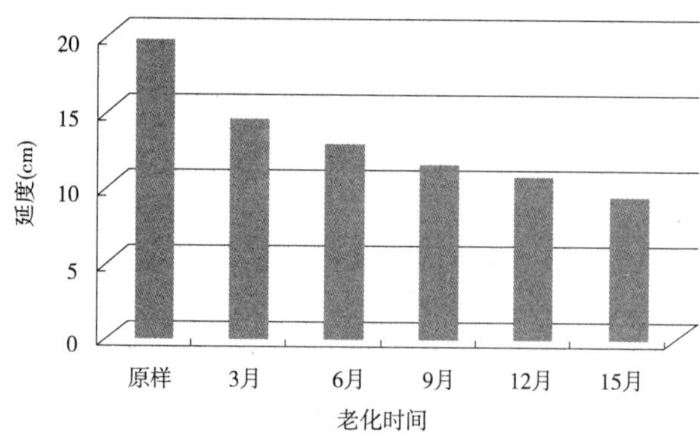

图 4-9　延度随光老化时间的变化

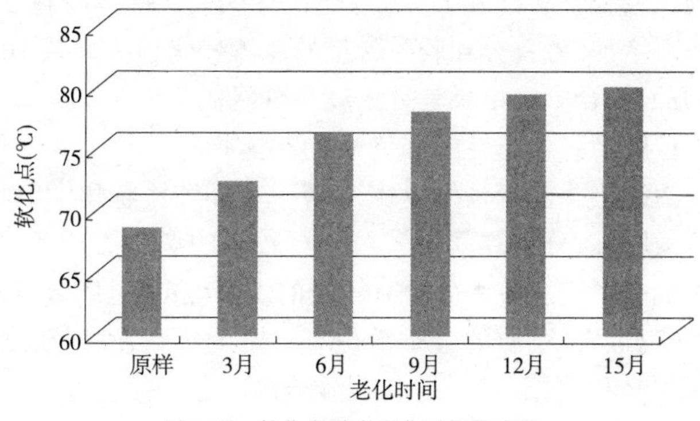

图 4-10　软化点随光老化时间的变化

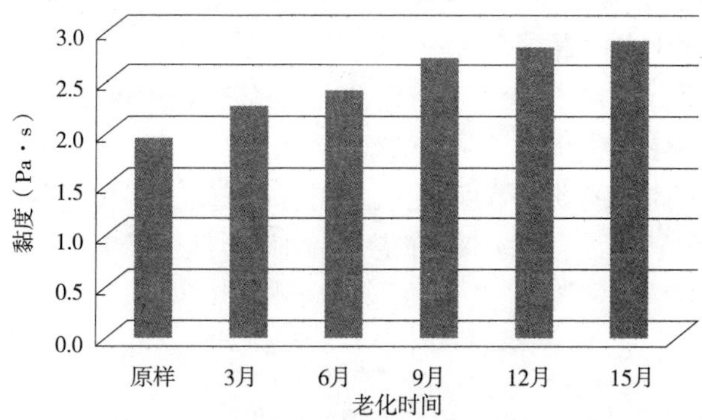

图 4-11　黏度随光老化时间的变化

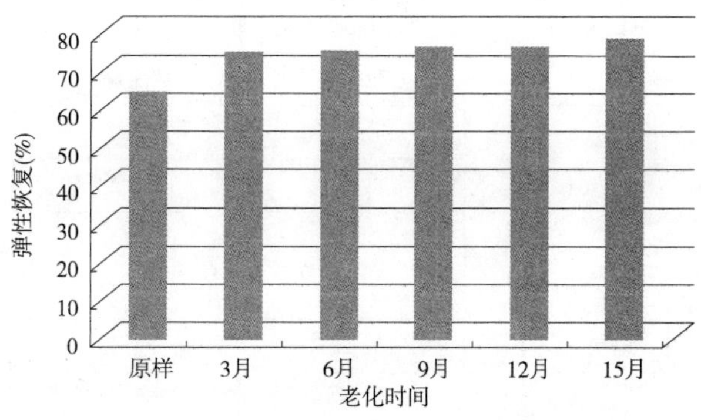

图 4-12　弹性恢复随光老化时间的变化

针入度是评价橡胶沥青软硬程度和黏稠度的性能指标。从图 4-8 可知，随着老化时间的延长，橡胶沥青的针入度呈减小的趋势，对针入度影响较大的组分是沥青质，其次是胶质、芳香分和饱和分。沥青质含量增加，针入度降低，芳香分、胶质和饱和分含量一直增加，芳香分和胶质含量的总体变化趋势是减小的，饱和分含量几乎不变，这些方面综合影响结果是针入度一直降低。

延度是评价橡胶沥青黏结性能和韧性的性能指标。从图 4-9 可知，延度随着老化时间的延长而减小。沥青延性是由于沥青呈环和链状化学结构和胶体结构，分子链有一定的柔顺性，分子之间位置可进行较大的调整。延度主要受芳香分和胶质含量及其组成的影响。芳香分含有较长的烷基侧链，且缩合度小，分子链柔顺性大，对延度的贡献最大，胶质的分子链也有一定的柔顺性，对延度的影响较大的是与其他组分匹配，使沥青形成稳定的胶体结构。在老化过程中，沥青的芳香分、胶质一直减少，所以沥青的延度也一直在降低。

软化点是评价橡胶沥青耐热性能的指标。从图 4-10 可知，随着老化时间的延长，橡胶沥青的软化点一直在升高。

黏度能反映沥青的变形能力和流动能力。从图 4-11 可知，随着老化时间的延长，黏度呈增长趋势。

从图 4-12 可知，橡胶沥青的弹性恢复指标随着老化时间的延长，开始阶段增加较快，光老化 6 个月后增加缓慢，在老化后 15 个月后又有所降低。随着老化时间延长的变化规律不是很明显。

2. SHRP 指标

试验温度为 52℃、58℃、64℃、70℃、76℃时，将各温度的试验数据列于表 4-30 中。

不同老化方式的 DSR 试验结果 表 4-30

不同老化方式	测试温度(℃)	G^*(kPa)	δ(°)	$G^*/\sin\delta$(kPa)
UV-3	52	22.640	53.61	28.13
	58	13.755	55.07	16.78
	64	8.450	57.27	10.05
	70	5.235	60.03	6.043
	76	3.345	62.79	3.762
UV-6	52	24.262	52.49	30.590
	58	14.690	53.62	18.250
	64	9.096	55.50	11.025
	70	5.680	57.91	4.815
	76	3.541	60.89	3.093

续上表

不同老化方式	测试温度(℃)	G^*(kPa)	δ(°)	$G^*/\sin\delta$(kPa)
UV-9	52	25.210	52.49	30.590
	58	15.150	53.35	18.250
	64	9.411	54.80	11.025
	70	5.997	56.76	4.815
	76	3.833	59.08	3.093
UV-12	52	25.652	51.80	31.375
	58	15.650	52.30	19.780
	64	9.664	53.47	12.025
	70	6.279	55.12	7.654
	76	4.063	57.20	4.833
UV-15	52	27.975	50.19	36.42
	58	17.150	50.78	22.14
	64	10.830	52.02	13.74
	70	7.040	53.83	8.722
	76	4.621	56.06	5.570

将不同老化方式的 G^*、δ、$G^*/\sin\delta$ 进行对比,绘制图 4-13 ~ 图 4-15。

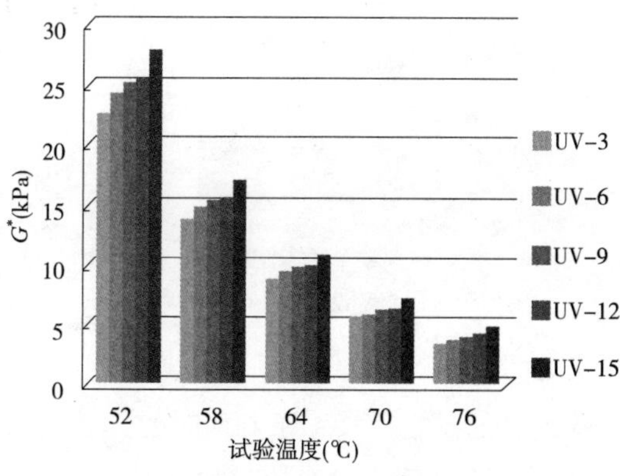

图 4-13　不同老化方式的 G^* 对比图

从图 4-13 可知,随着试验温度的升高,复数剪切模量 G^* 随之减小,随着光老化时间的延长,同一温度的复数剪切模量 G^* 随之增大。

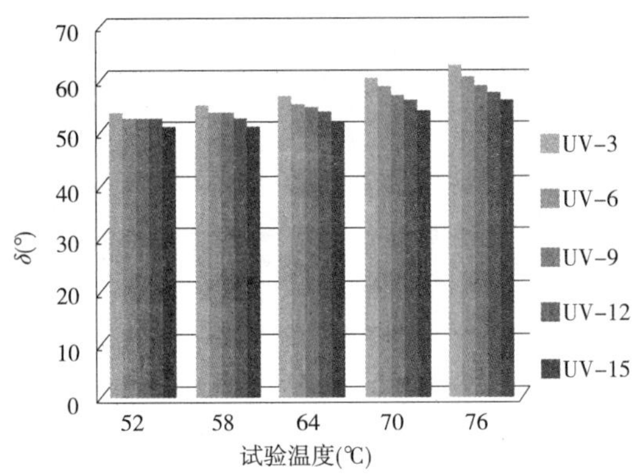

图 4-14　不同老化方式的 δ 对比图

从图 4-14 可知，随着试验温度的升高，相位角 δ 随之增大，随着光老化时间的延长，同一温度的相位角 δ 呈减小的趋势，沥青胶结料越来越偏向于弹性体。

从图 4-15 可知，随着试验温度的升高，橡胶沥青的车辙因子 $G^*/\sin\delta$ 减小，随着光老化时间的延长、老化程度的加深，橡胶沥青的车辙因子 $G^*/\sin\delta$ 增大，说明随着光老化时间的增加，橡胶沥青的抗车辙性能增强。

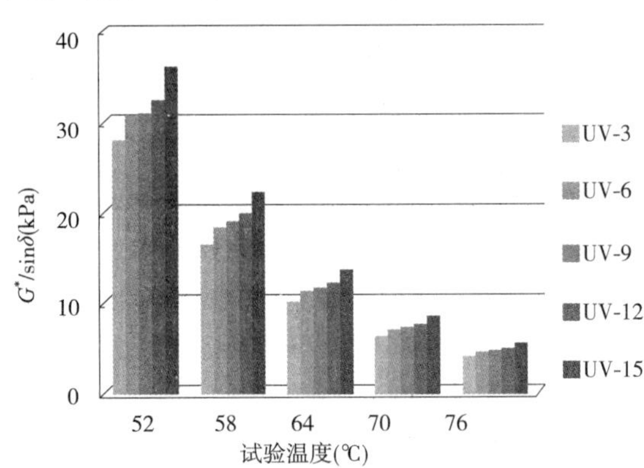

图 4-15　不同老化方式的 $G^*/\sin\delta$ 对比图

3. 蠕变劲度和蠕变速率

本弯曲梁流变试验测试的是在 -18℃下 60s 时的读数，见表 4-31。

不同老化方式在 -18℃弯曲梁流变试验结果　　表 4-31

不同老化方式	UV-3	UV-6	UV-9	UV-12	UV-15
劲度模量(MPa)	72.15	50.5	70.75	61.5	55.10
M 值(%)	44.9	44.6	46.2	42.0	44.4

将上述数据绘制成柱状图，如图 4-16 所示。

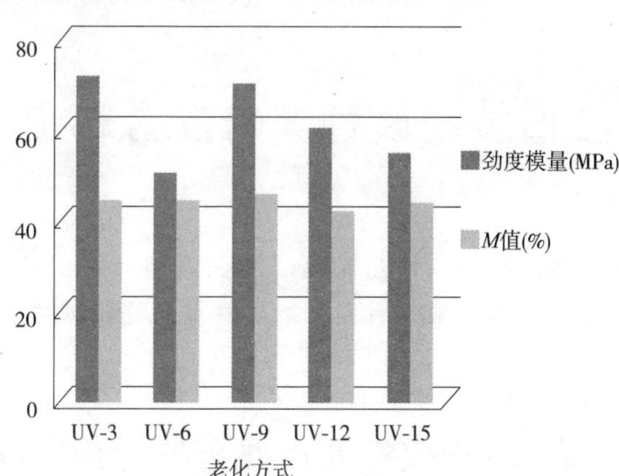

图 4-16　不同老化方式在 −18℃弯曲梁流变试验结果

美国 SHRP 计划研究开发了弯曲梁流变试验（BBR），通过测量沥青的低温蠕变劲度 S 和蠕变速率 M 值，来评价沥青的低温性能。通常在低温的情况下，沥青的蠕变劲度 S 越小，蠕变速率 M 值越大，则沥青的低温抗开裂能力越强。从图 4-17 中可知，不同光老化时间的抗低温开裂性能不同。随着老化程度的加深，劲度模量时大时小，数值变化没有规律性，而 M 值变化空间较小，最大值 46.2%，最小值 42.0%。其数据不具有规律性，所以蠕变劲度和蠕变速率不适合做橡胶沥青随光老化时间而变化的评价指标。

第六节　本 章 小 结

本章主要根据我国北方地区的气候条件制定了适用于北方地区气候环境下的橡胶沥青技术指标，并对橡胶沥青老化后的各项指标进行检测，研究其各项指标随着老化程度的变化规律。

（1）结合我国北方地区的气候环境，推荐出了适用于寒冷地区的橡胶沥青技术指标。

（2）通过对橡胶沥青的高温性能分析可知，胶粉掺量越多，粒径越细，沥青的高温稳定性越好；随胶粉掺量的增加，粒径越小，橡胶沥青的旋转黏度越大。

（3）通过对适用于我国北方地区的橡胶沥青的低温性能分析可知，胶粉掺量的增加对低温延度有显著影响，表现为随着胶粉掺量增加，低温延度显著增加。

（4）针对高紫外线的气候特征，对不同老化方式的指标分析，发现随老化时间的延长，同一温度的复数剪切模量 G^* 随之增大，橡胶沥青的抗车辙性能增强。

第五章　废旧胶粉改性沥青混合料配合比设计

橡胶沥青混合料配合比的设计与研究已经在国内开展很久,但是针对我国北方地区的配合比还从未开展过系统研究。本章着重研究我国北方地区橡胶沥青混合料配合比的设计。

第一节　橡胶改性沥青混合料配合比设计

一、橡胶原材料参数研究

常用于橡胶沥青的废胶粉如图 5-1 所示,是由废旧轮胎和高天然橡胶含量的橡胶屑组合而成的,成分有丙酮抽出物、灰分、炭黑和橡胶聚合物等。

图 5-1　废胶粉

橡胶粉按轮胎来源可分为子午胎胶粉和斜交胎胶粉;按胶粉粒度可分为粗胶粉 0.5 ~ 1.5mm、细胶粉 0.3 ~ 0.5mm、微细胶粉 0.075 ~ 0.3mm、超细胶粉 < 0.075mm。通常常温法生产的胶粉较粗,冷冻法生产的胶粉较细。

橡胶沥青的性质受胶粉的影响明显,而胶粉的掺量和粒径是影响其性质的主要因素。在早期的研究中为了加强胶粉与沥青的相互作用,要求橡胶粉尽可能细。经过长期的经验积累及改性工艺的改善,目前认为适合应用在道路工程的胶粉一般为 20 ~ 80 目。

胶粉的掺量是影响橡胶改性沥青性能的又一关键因素。美国 ASTM 规定橡胶沥青中胶粉的掺量至少为内掺 15% ,相当于外掺的 17.6% 。而美国的其他州基本要求都在 17% ~20%(内掺),相当于外掺的 20.5% ~25% ,同时加利福尼亚州要求胶粉中有 25% 的天然橡胶。南非要求胶粉掺量为 18% ~24% ,相当于外掺的 22% ~31.6% 。在我国胶粉掺量通常在 15% ~20% 。

1.胶粉的分类

美国采用A、B、C来表征不同的胶粉,将胶粉进行分类:A为以汽车废轮胎胎面橡胶为原料生产的硫化胶粉;B为以汽车斜交胎整胎为原料生产的硫化胶粉;C为以汽车子午胎整胎为原料生产的硫化胶粉。

美国根据废胶粉工业生产的手段和轮胎的来源部位,将胶粉分为六类(ASTMD5603):全轮胎胶粉(Whole tire rubber)、胎面胶粉(Tread or peel rubber)、胎面或胎侧磨屑(Buffing rubber)、全胎磨屑胶粉(Whole tire buffing)、非路用橡胶粉(Off road tire rubber)、非轮胎胶粉(None-tire-rubber)。此外,橡胶粉还可以根据其生产方式、粒度进行分类。按粉碎方式可分为常温粉碎的橡胶粉、低温粉碎的橡胶粉和常温化学法粉碎的橡胶粉,按粒度的不同可分为粗胶粉、细胶粉、微细胶粉和超细胶粉。粗胶粉的粒径范围为0.5~1.5mm(即12~30目);细胶粉的粒径范围为0.3~0.5mm(即30~47目);微细胶粉的粒径范围为0.075~0.3mm(即47~200目);超细胶粉的粒径范围为<0.075mm(即大于200目)。我国为了便于橡胶粉在公路行业的使用,中国轮胎翻修与循环利用协会根据我国的橡胶粉生产情况,将其分为三类:粗胶粉0.425mm(40目)以上;细胶粉0.425~0.180mm(40~80目);微细胶粉0.180~0.075mm(80~200目)。

2.胶粉的生产工艺

橡胶粉的生产工艺将影响到胶粉的形状与表面状态。这是由于粉碎前不同的处理方法对废轮胎橡胶物理性能改变机制不同而造成的。常温法并没有对轮胎橡胶做粉碎,这些国家和地区使用胶粉一般为16~100目,并要求胶粉的最大颗粒不得大于2.36mm。沥青在高温下是一种黏度较高的液体,橡胶粉在沥青中首先是分散的,然后才可能产生反应。一般来说,目数越大,粒径越小越容易分散;但另一方面,目数越大,橡胶粉越容易结团,不利于微细胶粉在沥青中的分散。在使用中应综合考虑经济效益和使用效果,不宜采用太细的橡胶粉。与国外不同,我国目前一般采用目数选择橡胶粉的类型,如40目或60目。但这并不意味着我国路用橡胶粉完全是单一粒径的。当胶粉比较粗、目数比较小时,基本上可以认为是单一粒径的,但当其与沥青拌和时容易产生离析,反而不容易使用。当采用细胶粉时,由于筛分比较困难,不可能完全筛成单一粒径。例如,40目胶粉中也含有少量60目或80目的胶粉。这样的胶粉容易与沥青结合,施工稳定性好,能够满足工程需要。因此,按目数选择胶粉也是合理的。

3.路用橡胶粉的性质

粒径是橡胶粉的主要技术指标之一,在公路工程应用中,为了达到混合料密实填充和分布均匀的效果，橡胶粉一般都有一定的级配。我国橡胶行业的胶粉物理指标与国外路用橡胶粉物理指标总体上一致，都对胶粉中的含水率、纤维含量以及金属含量提出了明确要求。另外，我国还提出了残余物和倾注密度指标，国外采用相对密度指标。

处理主要靠特殊结构刀具的剪切和研磨撕扯力，生产的胶粉颗粒形状不规则，表面凹凸，呈毛刺状或羽状；而液氮低温冷冻法主要在液氮冷媒作用下将橡胶冷冻至"脆化温度"再加以粉碎，生产的胶粉颗粒形状规则，表面平滑，呈锐角状态；化学试剂法则使用可逆化学添加剂使废橡胶"溶胀"而部分破坏橡胶分子间的网状结构，降低其弹性和韧性，提高其可粉碎性。

橡胶粉的主要化学成分有合成橡胶、天然橡胶、可塑剂、炭黑及灰分等。其中，天然胶含量的不同对沥青橡胶的性质产生显著影响。一般来说，增加天然胶含量，可以加快沥青橡胶反应速度，增加沥青橡胶黏附性。因此，国外一些相关标准对天然胶含量提出了明确要求，如南非要求大于30%，美国加利福尼亚州要求胶粉的25%采用高天然胶含量的胶粉。根据以上数据可知，国外路用胶粉的技术要求与国内橡胶行业技术标准的最主要差别在于天然胶含量指标。国外对此有明确的指标要求，而我国没有，再次说明天然胶含量对路用橡胶粉质量的重要性。综上所述，本项目在选择胶粉时，根据橡胶粉在我国公路行业的使用情况，建议根据目数选择胶粉细度。同时，应充分考虑胶粉的物理化学指标要求，借鉴国外的经验，并结合我国实际，在满足其他指标要求的同时，重点控制天然胶含量。

二、橡胶沥青混合料级配设计

使用废旧轮胎胶粉生产橡胶沥青（Asphalt Rubber）是减少"黑色"环境污染最有效的方法之一。它通过一定的生产工艺将废橡胶粉加入到沥青当中，形成一种以橡胶粉为改性剂的改性沥青。橡胶沥青路面具有普通沥青路面无法比拟的优点：

（1）优异的抗疲劳性和低温抗裂性。废旧轮胎中含有天然橡胶、合成橡胶、硫黄和炭黑等成分，是道路沥青良好的改性剂，在沥青中加入橡胶粉提高了沥青的柔韧性，改善了沥青的低温性能和抗疲劳性能。

（2）提高路面的耐久性。由于加入橡胶粉后沥青的黏度增加，石料表面黏附的橡胶沥青膜厚度增加，从而提高了沥青路面的抗水损害性能与耐久性，延长了路面的使用寿命。

（3）良好的抗老化性能、抗氧化性能。轮胎胶粉中的抗老化剂和抗氧化剂改善了沥青的技术性质，从而提高了沥青路面的抗老化性能。

(4)优良的抗车辙能力。在普通沥青中加入胶粉进行改性后,其针入度减小、黏度增大、软化点提高,具有较高的抗车辙能力和抗推移能力,从而抵抗重交通荷载和不良气候的影响,橡胶沥青路面适用于高等级公路沥青路面工程。

(5)提高道路安全系数。橡胶沥青能够增加车辆轮胎与路面的附着性,增大摩擦系数,一定程度上提高行车安全性。

(6)减小路面铺装厚度。

(7)具有降噪性能。橡胶沥青混合料采用的油石比较高,且橡胶颗粒能够有效提升路面弹性,进而可以吸收噪声,提高行车的舒适性。

(8)提高经济效益。废旧轮胎胶粉价格低廉,可显著降低材料成本,橡胶沥青路面的耐久性良好,可减少路面养护费用。

(9)改善环境效益。废旧橡胶应用于道路建设中减少了废旧轮胎造成的环境问题,符合我国当前大力发展循环经济的方针政策,具有重要的社会经济效益。

干法工艺常常因配比不当、不易压实等原因导致性能不稳定,路面容易在早期出现裂缝、剥落及坑槽等病害,故在应用上受到较大限制。然而与湿法相比,干法在以下 4 方面仍具有明显优势:①可直接加入到集料中拌和,工艺相对简单;②可添加比湿法更高掺量的胶粉,利于提高废旧轮胎利用率;③具有比湿法更优越的高温稳定性能,可用于高温地区及重交通路段的铺筑;④粗胶粉干法沥青路面具有优良的抑冰、破冰及抗滑作用。

将橡胶沥青应用于道路工程中,不仅可以节约能源、保护环境、减少废旧橡胶造成的危害,还能够改善路面的使用性能,提升道路的美学效果,可谓是一举多得的举措。

沥青玛蹄脂碎石混合料(Stone Mastic Asphalt,SMA)因其出色的路用性能被广泛应用于高速公路、城市干道、桥面以及机场跑道等,并获得了良好的使用效果。这主要是由于其特有的间断级配使得粗集料能够形成很好的骨架嵌挤结构,而沥青、纤维稳定剂、矿粉以及少量细集料组成的沥青玛蹄脂,则可以充分填充粗集料形成的骨架间隙,从而使优良的路用性能得以显现。但是,这些建立在巨额的工程成本基础之上,为了满足沥青玛蹄脂的技术要求,通常需要使用 SBS 改性沥青,并且沥青用量较大,同时还需要添加纤维稳定剂,导致道路建设投资大幅度增加。

因此,若能综合橡胶沥青与 SMA 各自的优点,得到性能良好、造价低廉的路面材料,对提高道路的服务水平、延长道路的使用寿命、降低工程造价、减少处理废旧轮胎造成的环境污染具有极大的现实意义。目前,橡胶沥青这种新型材料在我国东、南部地区已有工程应用,而在新疆地区的应用很少,并且仅限于应力吸收层、桥面防水、微表处罩面和裂缝处置等，对于橡胶沥青混合料在路面面层的应用还存在技术空白。

本研究于2013年8月在克拉玛依—白碱滩快速路的改造工程中，首次在新疆地区把橡胶沥青与SMA有机地结合在了一起，取得了良好的路用效果。

三、橡胶改性沥青混合料配合比试验分析

1. 橡胶粉

橡胶沥青的质量很大程度上取决于橡胶粉的质量，并且橡胶粉的来源不同，其粉碎工艺也不同，橡胶粉的细度大小对橡胶沥青的改性效果也有很大的影响，故选用合适的橡胶粉是决定橡胶沥青品质的关键。

本研究采用的橡胶粉为中国石油天然气股份有限公司克拉玛依炼油研究院生产的废旧轮胎研磨后的黑色粉状颗粒，为20目橡胶粉。对进场的橡胶粉进行了试验检测，橡胶粉的技术指标符合设计文件的要求。对橡胶粉的检测试验规程参照：ASTM D0297。橡胶粉材料检测数据见表5-1。

橡胶粉材料基本性能检测 表5-1

<table>
<tr><td rowspan="3">筛分试验结果</td><td>筛孔尺寸(mm)</td><td>2.36</td><td colspan="2">1.18</td><td>0.6</td><td colspan="2">0.3</td><td>0.075</td></tr>
<tr><td>通过百分率(%)</td><td>100</td><td colspan="2">100</td><td>51.09</td><td colspan="2">18.3</td><td>1.24</td></tr>
<tr><td>规范要求</td><td>100</td><td colspan="2">65 ~ 100</td><td>20 ~ 100</td><td colspan="2">0 ~ 45</td><td>0 ~ 5</td></tr>
<tr><td rowspan="3">物理、化学分析试验结果</td><td>检测项目</td><td colspan="2">纤维含量(%)</td><td colspan="2">金属含量(%)</td><td colspan="2">碳酸钙(%)</td><td>密度(g/cm³)</td></tr>
<tr><td>试验值</td><td colspan="2">0.07</td><td colspan="2">0.00</td><td colspan="2">3.3</td><td>1.17</td></tr>
<tr><td>规定值</td><td colspan="2">≤0.5</td><td colspan="2">≤0.1</td><td colspan="2">≤4</td><td>1.15 ±0.05</td></tr>
</table>

2. 基质沥青

本次试验段工程橡胶沥青是由克拉玛依90A基质沥青掺加一定量的橡胶粉拌制而成的，与其他基质沥青相同，克拉玛依90A基质沥青的性质对橡胶沥青的性能影响很大。克拉玛依90A基质沥青的选择在一定程度上受当地气候条件的影响。

橡胶沥青混凝土所使用的基质沥青为克拉玛依90A石油沥青，经检测该品种沥青的技术指标均符合《公路沥青路面施工技术规范》(JTG F40—2004)要求。基质沥青检测数据见表5-2。

克拉玛依 90A 石油沥青基本性能检测　　表 5-2

试验项目		单　位	试验结果	技术指标
针入度(100g,25℃,5s)		0.1mm	88	80～100
软化点		℃	47.5	≥45
延度(15℃)		cm	>100	≥100
密度		g/cm^3	0.982	实测记录
针入度指数 PI		—	-0.28	-1.5～+1.0
60℃动力黏度		Pa·s	243	≥160
延度(10℃)		cm	>100	≥45
含蜡量(蒸馏法)		%	1.9	≤2.2
闪点		℃	280	≥245
溶解度		%	99.9	≥99.5
TFOT 后	质量变化	%	0.299	±0.8
	残留针入度比	%	80.9	≥57
	残留延度 10℃	%	49	≥8

3. 橡胶粉的掺配比例

对于橡胶沥青来说,目前我国尚未有与此相关的标准以及规范,只能参照普通热拌沥青混合料的标准以及规范。但由于橡胶粉的加入对沥青的影响很大,其性能指标有其独特性,故不能全部硬搬硬套普通热拌沥青的规范,研究人员通过大量的试验研究探讨,鉴于橡胶粉的掺入使原基质沥青针入度和延度降低,软化点和黏度有大幅度提高。而其中黏度是橡胶沥青重要的性能指标之一,其对橡胶沥青混合料性能影响很大,对施工和易性也有很大的影响。参照国内外橡胶沥青铺筑成功的经验,选定测试橡胶沥青 180℃旋转布氏黏度作为标准,来确定橡胶粉的掺量(注:以下所述掺量均为外掺即橡胶粉:基质沥青)。橡胶沥青掺配比例选定见表 5-3。

橡胶沥青掺配比例选定表　　表 5-3

基质沥青	克拉玛依 90 号 A 级石油沥青	180℃
橡胶粉的掺量(%)		20
布氏黏度(Pa·s)	测试值	1.64
	下限	1.0
	上限	3.0

从表5-3中数据可看出，180℃下，橡胶粉掺量为20%时，布氏黏度为1.64Pa·s，满足规范要求。

目前，橡胶沥青在美国的使用相当成功的州，如亚利桑那州、加利福尼亚州、佛罗里达州、俄勒冈州等已经铺设了很多的试验路段。从已有的试验路段使用效果来看，我国规定橡胶沥青中废胶粉掺量占橡胶沥青总量为18%～22%。本次工程采用橡胶沥青的生产配合比为橡胶粉：基质沥青＝20%：80%。

4. 橡胶沥青与SBS改性沥青指标

橡胶沥青是由克拉玛依炼化院生产的橡胶粉与克拉玛依90号石油沥青配制的。橡胶粉的掺量为20%。检测其橡胶沥青的各项指标见表5-4。

橡胶沥青基本性能检测结果　　表5-4

样品名称及规格		橡胶沥青指标	SBS改性沥青指标	《橡胶沥青及混合料设计施工技术指南》（寒区）	《公路沥青路面施工技术规范》（JTG F40—2004）要求（SBSI-C）	
检测项目	单位	试验值	试验值	试验值	标准	规定值
针入度（100g，25℃，5s）	0.1mm	73	69	60～100	T0620	60～80
软化点（R&B）	℃	62	66	≥50	T0604	≥54
布氏黏度（180℃）	Pa·s	1.84	—	1.0～3.0	T0606	—
回弹率（25℃）	%	90	90	90	T0662	≥65
延度（5℃）	cm	—	21.0	≥10	T0605	≥10
相对密度（25℃）	—	0.985	1.024	0.985	T0603	—

该橡胶沥青是采用20%子午胎经过研磨的废旧轮胎粉在高温状态下与克拉玛依90号基质沥青及添加剂通过适宜的加工工序形成的混合物。由表5-4对比发现，橡胶沥青针入度、软化点高于SBS改性沥青，说明橡胶沥青黏稠度、高温稳定性能高于SBS改性沥青。

5. 集料

本项目橡胶沥青混凝土中的粗、细集料采用设计石料场克拉玛依后山料场生产的碎石。该处岩石为安山岩，集料粒径规格为10～15mm、5～10mm、0～5mm三种。集料的各项技术指标符合《公路沥青路面施工技术规范》（JTG F40—2004）要求，见表5-5。

集料检测结果　　表5-5

<table>
<tr><td rowspan="15">试验项目和试验结果</td><td colspan="7">粗集料检测</td></tr>
<tr><td>序号</td><td>试验项目</td><td>单　位</td><td>技术标准</td><td>10～15mm碎石</td><td>5～10mm碎石</td><td>备　注</td></tr>
<tr><td>1</td><td>压碎值</td><td>%</td><td>≤26</td><td>13.7</td><td>17.1</td><td>合格</td></tr>
<tr><td>2</td><td>密度</td><td>g/cm³</td><td>≥2.60</td><td>2.612</td><td>2.567</td><td>合格</td></tr>
<tr><td>3</td><td>针片状</td><td>%</td><td>≤15</td><td>11.4</td><td>3.4</td><td>合格</td></tr>
<tr><td>4</td><td>吸水率</td><td>%</td><td>≤2.0</td><td>1.01</td><td>1.60</td><td>合格</td></tr>
<tr><td>5</td><td>黏附性</td><td>—</td><td>≥4级</td><td>5级</td><td>5级</td><td>合格</td></tr>
<tr><td>6</td><td>坚固性</td><td>%</td><td>≤12</td><td>5.5</td><td>11.0</td><td>合格</td></tr>
<tr><td>7</td><td>软弱颗粒含量</td><td>%</td><td>≤3</td><td>0</td><td>0</td><td>合格</td></tr>
<tr><td>8</td><td><0.075mm颗粒含量</td><td>%</td><td>≤1</td><td>0.8</td><td>0.9</td><td>合格</td></tr>
<tr><td colspan="7">细集料检测</td></tr>
<tr><td>序号</td><td>试验项目</td><td>单　位</td><td>技术标准</td><td colspan="2">石　屑</td><td>备　注</td></tr>
<tr><td>1</td><td>表观相对密度</td><td>g/cm³</td><td>≥2.50</td><td colspan="2">2.665</td><td>合格</td></tr>
<tr><td>2</td><td><0.075mm颗粒含量</td><td>%</td><td>≤3</td><td colspan="2">2.60</td><td>合格</td></tr>
<tr><td>3</td><td>砂当量</td><td>%</td><td>≥60</td><td colspan="2">66</td><td>合格</td></tr>
</table>

| | 4 | 棱角性 | S | ≥30 | 35 | 合格 |

6. 目标配合比调试

橡胶沥青混合料设计中主要问题是级配的选择。由于橡胶沥青的黏度比较大，而且存在相对较大的颗粒，易在矿料的表面形成较厚的油膜，因此其适合应用于间断级配、开级配形式的混合料。特别是胶粉掺量较大的时候，不适合应用于密级配沥青混合料。由以往研究分析以及应用经验来看，间断型级配的高温稳定性比较好。

此次试验路也采用橡胶沥青混合料的间断级配，其间断点选为2.36mm。橡胶沥青混合料设计方法采用传统的马歇尔方法，按照体积法原理进行配合比设计。

7. 推荐级配

为了提高混合料的高温抗车辙能力，结合原材料实际特点及国内外成功经验，建议将原混合料级配（表5-6）试配调整为如下方案（表5-7、图5-2）。

SMA-13 沥青混合料级配要求　　表5-6

SMA-13	下列筛孔（mm）的通过百分率（%）					
	16	13.2	9.5	4.75	2.36	0.075
级配上限	100.0	100.0	75.0	34.0	26.0	12
级配下限	100.0	90.0	50.0	20.0	15.0	8.0

SMA-13 沥青混合料级配要求（推荐方案）　　表5-7

筛孔（mm）	碎石	碎石	砂	矿粉	合成	规范中值	规范范围	
	10～15mm	10～5mm	0～5mm					
31.5	100	100	100.0	100	100.0	100	100	100
26.5	100	100	100.0	100	100.0	100	100	100
19	100.0	100	100.0	100	100.0	100	100	100
16	100.0	100	100.0	100	100.0	100	100	100
13.2	73.0	100	100.00	100	86.5	95	90	100
9.5	4.3	100.0	100.0	100	52.1	62.5	50	75
4.75	0.5	45.9	92.1	100	33.3	27	20	34
2.36	0.0	8.7	63.0	100	19.3	20.5	15	26
1.18	0.0	2.3	54.1	100	16.6	19	14	24
0.6	0.0	0.0	49.0	100	15.4	16	12	20
0.3	0.0	0.0	31.2	100	13.8	13	10	16
0.15	0.0	0.0	13.2	92.9	11.6	12	9	15
0.075	0.0	0.0	2.1	86.2	9.7	10	8	12
配比	50	30	9	11	100	—	—	—

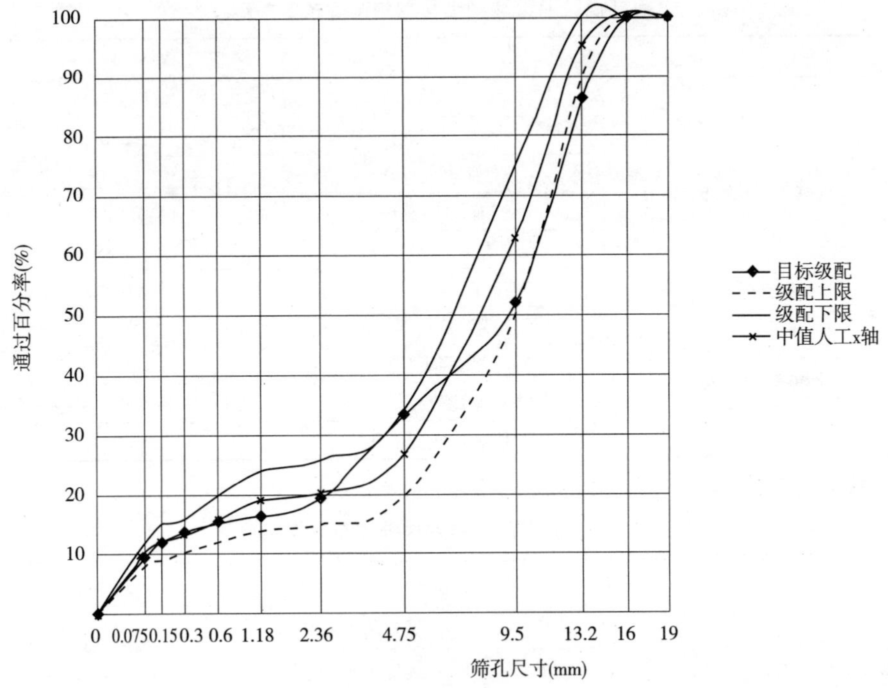

图 5-2　目标配合比级配图

矿料配合比为碎石(10～15mm):碎石(5～10mm):天然砂(0～5mm):矿粉＝50:30:9:11,根据橡胶沥青混合料室内拌和与击实温度要求,制备橡胶沥青混合料。进行橡胶沥青混合料基本性能检测,检测结果见表 5-8。

橡胶沥青混合料基本性能指标检测结果　　表 5-8

混合料类型	油石比(%)	毛体积密度(g/cm^3)	最大理论相对密度	孔隙率(%)	矿料间隙率(%)	饱和率(%)	稳定度(kN)
SMA-13	5.0	2.255	2.425	7.0	18.5	62.2	6.57
	5.5	2.271	2.409	5.7	18.3	68.7	6.41
SMA-13	6.0	2.300	2.394	3.9	17.6	77.9	5.91
	6.5	2.304	2.379	3.1	17.9	82.5	6.87
	7.0	2.303	2.365	2.6	18.3	85.6	6.87
最佳油石比(%)	6.8	2.302	2.385	3.5	17.8	80.4	6.51

根据工程上的应用成果,提出断级配橡胶沥青混合料的技术要求见表 5-9。

热拌橡胶沥青混凝土马歇尔试验技术标准　　表 5-9

试验项目		技术标准
马歇尔试验指标	击实次数(次)	两面各 75 次
	稳定度(kN)	≥5.0
	流值(0.1mm)	20～50
	空隙率(%)	5.5±1.0
	沥青饱和度(%)	70～85
	矿料间隙率 VMA(%)	≥19.0
性能验证要求	浸水残留稳定度(%)	≥80
	冻融残留强度比(%)	≥75
	车辙试验动稳定度(次/mm)	≥3 000;相对变形不超过 5%
	弯曲破坏应变(με)	≥2 800

橡胶沥青混合料室内拌和与击实温度见表 5-10。

SMA-13 沥青混合料室内拌和与击实温度　　表 5-10

项　目	温　度	项　目	温　度
矿料	185～195℃	试模预热温度	170～175℃
沥青加热温度	175～190℃	试件击实温度	165～175℃
沥青混合料拌和温度	180～190℃	试件成型终了温度	不低于 145℃

8. 生产配合比设计

根据试验室的目标配合比进行生产配合比设计(图 5-3)。SMA-13 生产配合比矿料级配计算表见表 5-11。

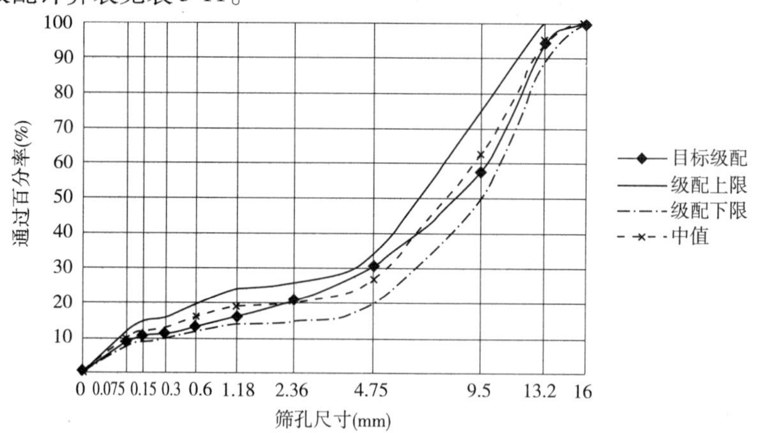

图 5-3　生产级配与合成级配曲线

SMA-13 生产配合比矿料级配计算表　　表 5-11

筛孔 (mm)	碎石 10~15mm	碎石 5~10mm	砂 3~5mm	砂 0~3mm	矿粉	合成	中值	范围	
16	100	100	100	100	100	100	100	100	100
13.2	89.4	100.0	100	100	100	94.5	95	90	100
9.5	12.4	99.4	100	100	100	57.5	62.5	50	75
4.75	1.2	17.4	97.6	99.5	100	30.7	27	20	34
2.36	0.0	0.7	8.4	91.5	100	20.7	20.5	15	26
1.18	0.0	0.4	1.5	55.6	100	16.3	19	14	24
0.6	0.0	0.3	0.2	34.1	100	13.4	16	12	20
0.3	0.0	0.3	0.0	18.6	100	11.5	13	10	16
0.15	0.0	0.3	0.0	12.8	99	10.5	12	9	15
0.075	0.0	0.3	0.0	7.1	85	8.7	10	8	12
配比	47	31	0	11	11	100	—	—	—

矿料配合比为碎石(10~15mm):碎石(5~10mm):天然砂(0~3mm):矿粉=47:31:11:11,根据橡胶沥青混合料室内拌和与击实温度规定,制备橡胶沥青混合料。进行橡胶沥青混合料基本性能检测。

9. 马歇尔基本性能指标检测

橡胶沥青混合料基本性能指标检测结果见表 5-12。

橡胶沥青混合料基本性能指标检测结果　　表 5-12

混合料类型	沥青	油石比 (%)	毛体积密度	最大理论相对密度	孔隙率 (%)	矿料间隙率 (%)	饱和率 (%)	稳定度 (kN)	流值 (mm)
SMA-13	橡胶沥青	6.6	2.263	2.409	6.06	18.67	67.53	6.10	1.63
		6.9	2.272	2.400	4.95	18.24	72.88	5.66	2.28
		7.2	2.280	2.391	4.33	18.31	76.37	7.32	1.60
	选定	7.5	2.292	2.383	3.82	18.68	77.25	5.67	3.30

10. 橡胶沥青混合料抗水损坏检测试验结果见表5-13。

橡胶沥青混合料冻融劈裂试验结果 表5-13

序号	第一组试件(未进行冻融劈裂循环)			第二组试件(进行冻融劈裂循环)			规范要求
	试件高度(mm)	试验荷载(N)	劈裂抗拉强度(MPa)	试件高度(mm)	试验荷载(N)	劈裂抗拉强度(MPa)	
1	63.4	5 540	0.549	64.7	4 300	0.418	
2	62.5	5 766	0.580	63.5	4 870	0.482	
3	63.1	5 219	0.520	64.3	5 000	0.489	
4	62.8	5 370	0.538	63.4	4 320	0.428	
第一组试件(未进行冻融劈裂循环)平均劈裂抗拉强度(MPa)					0.547		
第二组试件(进行冻融劈裂循环)平均劈裂抗拉强度(MPa)					0.454		
冻融劈裂抗拉强度比(%)				83.1			≥70
说明	1. 试件为击实法成型圆柱体试件;2. 劈裂试验加载速度为50mm/min						

11. 橡胶沥青混合料抗车辙性能检测试验结果见表5-14。

橡胶沥青混合料的车辙试验结果 表5-14

试件编号		级配类型	试件实测密度(g/cm^3)	试件孔隙率(%)	动稳定度(次/mm)
橡胶沥青混合料	1	SMA-13	2.313	3.22	6 431.035
	2		2.303	3.65	7 159.091
	3		2.315	2.14	8 400.541
	平均值		2.296	3.95	6 833.333
变异系数(%)		9.85			
SBS改性沥青混合料					5 079
结果评定		被检测样品动稳定度符合大于3 000次/min的要求			

由表5-14可知,橡胶沥青混合料动稳定度高于SBS改性沥青混合料,即橡胶沥青混合料抗车辙性能优于SBS改性沥青混合料。分析原因是橡胶粉中含有的炭黑组分对沥青有补强作用,废旧轮胎中抗老化剂、抗氧化剂含量高,使得橡胶沥青混合料的高温稳定性、抗车辙性能明显优于SBS改性沥青。

第二节 充当集料功能的橡胶改性沥青混合料配合比设计

充当集料改性功能的橡胶沥青为干法制作,以下就充当集料改性功能的橡胶沥青展开分析。

一、混合料原材料参数研究

1. 橡胶粉

本研究采用橡胶粉为新疆库尔勒合兴橡胶厂生产的废旧轮胎研磨后的黑色粉状颗粒,为20目橡胶粉。对进场的橡胶粉进行了试验检测,橡胶粉的技术指标符合设计文件的要求。对橡胶粉的检测试验规程参照:ASTM D0297。橡胶粉材料检测数据见表5-15。

橡胶粉材料基本性能检测　　表5-15

筛分试验结果	筛孔尺寸(mm)	2.36	1.18	0.6	0.3	0.075
	通过百分率(%)	100	100	51.09	18.3	1.24
	规范要求	100	65~100	20~100	0~45	0~5

物理、化学分析试验结果	检测项目	纤维含量(%)	金属含量(%)	碳酸钙(%)	密度(g/cm^3)
	试验值	0.07	0.00	3.3	1.17
	规定值	≤0.5	≤0.1	≤4	1.15±0.05
	单项结果评定	合格	合格	合格	合格

2. 基质沥青

橡胶沥青是由基质沥青掺加一定量的橡胶粉拌制而成的,与其他改性沥青相同,基质沥青的性质对橡胶沥青的性能影响很大。基质沥青的选择在一定程度上受当地气候条件的影响。

橡胶沥青混凝土所使用的基质沥青为克拉玛依90号A级石油沥青,经检测该品种沥青的技术指标均符合《公路沥青路面施工技术规范》(JTG F40—2004)要求。基质沥青检测数据见表5-16。

克拉玛依90号A级石油沥青基本性能检测　　表5-16

试验项目	单位	试验结果	技术指标
针入度(100g,25℃,5s)	0.1mm	88	80~100
软化点	℃	47.5	≥45
15℃延度	cm	>100	≥100
密度	g/cm^3	0.982	实测记录

续上表

试验项目		单位	试验结果	技术指标
针入度指数 PI		—	-0.28	-1.5 ~ +1.0
60℃动力黏度		mPa·s	243	≥160
10℃延度		cm	>100	≥45
含蜡量(蒸馏法)		%	1.9	≤2.2
闪点 COC		℃	280	≥245
溶解度		%	99.9	≥99.5
TFOT后	质量变化	%	0.299	±0.8
	残留针入度比	%	80.9	≥57
	残留延度 10℃	%	49	≥8

3. 橡胶沥青

橡胶沥青是由新疆库尔勒合兴橡胶厂生产的橡胶粉与克拉玛依 90 号石油沥青配制。橡胶粉的掺量为 18%。检测其橡胶沥青的各项指标见表 5-17。

橡胶沥青基本性能检测结果 表 5-17

样品名称及规格		本项目橡胶沥青指标	橡胶沥青规范要求标准		
检测项目	单位	试验值	标准	规定值	备注
针入度(100g,25℃,5s)	0.1mm	57	T0620	≥25	合格
软化点(R&B)	℃	64	T0604	≥54	合格
布氏黏度(177℃)	Pa·s	2.9	T0606	1.5 ~ 4	合格
回弹率(25℃)	%	72.3	T0662	≥60	合格
5℃延度	cm	13.0	T0605	≥10	合格
相对密度(25℃)	—	0.962	T0603	—	—

4. 集料

本项目橡胶沥青混凝土中的粗集料采用设计石料场 S303 线 K263 +000 右侧 7.8km 处黄草沟石料场生产的碎石。该处岩石为石灰岩,粗集料粒径规格为 10 ~ 15mm 和 5 ~ 10mm 两种。碎石的各项技术指标符合《公路沥青路面施工技术规范》(JTG F40—2004)要求。细集料采用设计料场 S303 线 K263 +000 右侧 7.8km 处黄草沟石料场生产的石屑。石屑为石灰岩质。粒径规格为 0 ~ 5mm。石屑的各项技术指标均符合《公路沥青路面施工技术规范》(JTG F40—2004)要求。橡胶沥青混凝土不使用矿粉作为填料,为改善橡胶沥青集料的黏附性及混合料的水稳定性能,宜在其中掺少量的水泥作为填料。本项目采用的填料为天龙矿业甘河子水泥厂生产的普通硅酸盐水泥(P. O 32. 5),其检测方法仍按矿粉的检测方法进行。经检测,水泥的各项技术指标均符合《公路沥青路面施工技术规范》(JTG F40—2004)要求。各种集料检验报告见表5-18,水泥检测结果见表5-19。

集料检测结果　　表5-18

试验项目和试验结果	粗集料检测						
	序号	试验项目	单　位	技术标准	10~15mm碎石	5~10mm碎石	备注
	1	压碎值	%	≤26	14.6	17.1	合格
	2	密度	g/cm³	≥2.60	2.612	2.567	合格
	3	针片状	%	≤15	11.4	3.4	合格
	4	吸水率	%	≤2.0	1.01	1.60	合格
	5	黏附性	—	≥4级	5级	5级	合格
	6	坚固性	%	≤12	5.5	11.0	合格
	7	软弱颗粒含量	%	≤3	0	0	合格
	8	<0.075mm颗粒含量	%	≤1	0.8	0.9	合格
	细集料检测						
	序号	试验项目	单　位	技术标准	石　屑		备注
	1	表观相对密度	g/cm³	≥2.50	2.665		合格
	2	<0.075mm颗粒含量	%	≤3	2.60		合格
	3	砂当量	%	≥60	66		合格
	4	棱角性	S	≥30	35		合格

水泥检测结果　　表5-19

试验项目和试验结果	水　泥					
	序号	试验项目	单　位	技术标准	试验结果	备　注
	1	表观相对密度	t/m³	≥2.50	2.998	合格
	2	外观	—	无团粒结块	无团粒结块	合格
	3	亲水系数	—	<1	0.942	合格
	4	含水率	%	≤1	0.03	合格
	5	安定性	—	实测记录	合格	合格

二、橡胶沥青混合料级配设计

我国的现行沥青路面设计、施工规范中还没有橡胶沥青混合料专用级配的介绍。国内在采用橡胶沥青混合料的实际工程中，一般都是使用普通连续级配并采用较低的沥青用量。另一方面，由于橡胶改性沥青的黏度较大且对于湿法工艺有相对较大的胶粉颗粒，易在矿料表面形成较厚的油膜，因此国外的使用经验表明橡胶沥青混合料更适合于间断级配、开级配。特别是当胶粉掺量较大时，橡胶沥青就不适合应用于普通密级配。

三、橡胶沥青混合料级配设计试验分析

1. 生产配合比级配调整

根据试验室的目标配合比进行生产配合比设计（图 5-4）。AR-AC-13 生产配合比矿料级配计算见表 5-20。

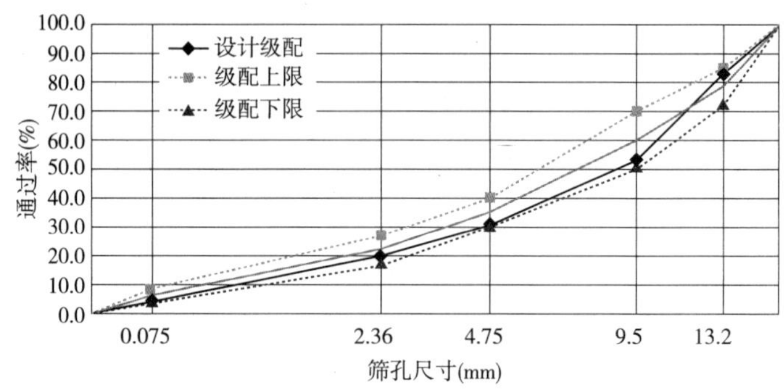

图 5-4 AC 生产配合比级配图

AR-AC-13 生产配合比矿料级配计算表 表 5-20

筛孔（mm）	碎石 15～20	碎石 10～15	碎石 5～10	石屑 0～5	水泥	矿粉	合成	中值	范围
16.0	96	100	100	100	100	100	99.3	100	100～100
13.2	24	91.0	100	100	100	100	83.4	78.5	72～85
9.5	1.4	13.9	94.2	100	100	100	52.7	60	50～70
4.75	0.2	0.8	16.8	92.5	100	100	30.6	35	30～40
2.36	0.1	0.3	9.4	58.8	100	100	19.9	22	17～27
0.075	0	0	6.9	3.7	78.8	100	4.0	6.5	4～9
配比	18	33	20	27	2	0	100	—	—

矿料配合比为碎石(15～20mm)∶碎石(10～15mm)∶碎石(5～10mm)∶石屑(0～5mm)∶水泥＝18∶33∶20∶27∶2，根据橡胶沥青混合料室内拌和与击实温度规定，制备橡胶沥青混合料，进行橡胶沥青混合料基本性能检测。

2. 马歇尔基本性能指标检测

橡胶沥青混合料基本性能指标检测结果见表5-21。

橡胶沥青混合料基本性能指标检测结果　　表5-21

混合料类型	沥青	油石比(%)	毛体积相对密度(g/cm^3)	最大理论相对密度(g/cm^3)	孔隙率(%)	矿料间隙率(%)	饱和率(%)	稳定度(kN)	流值(mm)	最佳油石比(%)
ARAC-13	橡胶沥青	6.9	2.274	2.418	5.9	20.4	70.9	6.67	2.30	7.3
		7.2	2.282	2.414	5.5	20.6	73.5	7.90	2.52	
		7.5	2.251	2.373	5.1	20.7	75.1	6.48	2.71	
	选定	7.3	2.289	2.414	5.2	20.6	74.8	7.72	2.65	7.3
规范要求	AR-AC-13 沥青混凝土				4.5～6.5	≥19	70～85	≥5	2～5	—

3. 橡胶沥青混合料抗水损坏检测

橡胶沥青混合料抗水损试验见表5-22。

橡胶沥青混合料冻融劈裂试验结果　　表5-22

序号	第一组试件(未进行冻融劈裂循环)			第二组试件(进行冻融劈裂循环)			规范要求
	试件高度(mm)	试验荷载(N)	劈裂抗拉强度(MPa)	试件高度(mm)	试验荷载(N)	劈裂抗拉强度(MPa)	
1	62.4	5 760	0.580	64.5	4 300	0.419	
2	63.5	5 410	0.536	63.8	4 870	0.480	
3	62.2	5 090	0.514	63.5	5 000	0.495	
4	62.8	5 370	0.538	63.8	4 320	0.426	
第一组试件(未进行冻融劈裂循环)平均劈裂抗拉强度(MPa)					0.542		
第二组试件(进行冻融劈裂循环)平均劈裂抗拉强度(MPa)					0.455		
冻融劈裂抗拉强度比(%)					83.9		≥70

4. 橡胶沥青混合料抗车辙性能检测

橡胶沥青混合料抗车辙性能试验见表5-23。

橡胶沥青混合料的车辙试验结果　　表5-23

试件编号	级配类型	试件实测密度 (g/cm^3)	试件孔隙率 (%)	动稳定度 (次/mm)
1	ARAC-13	2.224	5.59	6 579
2		2.224	5.60	5 940
3		2.221	5.75	6 944
平均值		2.223	5.64	6 488
变异系数(%)	7.83			
试验条件及方法： 试件成型采用轮碾法(JTJ 052—2000. JTG E20—2011 70719)； 试验温度60℃(JTJ 052—2000. JTG E20—2011 70719)； 试件上机前在60℃恒温箱中保温5～24h(JTJ 052—2000. JTG E20—2011 70719)； 试验时的轮载重700N,线压力0.7MPa(JTJ 052—2000. JTG E20—2011 70719)； 轮迹行走距离(23±1)cm(JTJ 052—2000. JTG E20—2011 70719)； 轮迹行走速度选用(42±1)次/min(JTJ 052—2000. JTG E20—2011 70719)； 轮迹行走方向与制作时碾压方向一致(JTJ 052—2000. JTG E20—2011 70719)				

5. 橡胶沥青混合料低温性能检测

橡胶沥青混合料低温性能试验见表5-24。

RAC-13沥青混凝土的低温弯曲小梁的试验结果　　表5-24

密度(g/cm^3)	孔隙率(%)	抗弯拉强(MPa)	弯拉应变(με)	弯曲劲度模(MPa)
2.223	5.64	8.58	2 881	2 980
规范要求(冬寒区1-2,2-2)			不小于2 800	—

第三节　寒冷地区橡胶沥青混合料级配设计

一、橡胶沥青混合料配合比试验分析

1. 橡胶粉

橡胶粉为由乌鲁木齐市永振橡胶厂生产的钢丝胎橡胶粉,为40目橡胶粉。对进场的橡胶粉进行了试验检测,橡胶粉的技术指标符合设计文件的要求。对橡胶粉的检测试验规程参照:ASTM D0297。橡胶粉材料检测数据见表5-25。

橡胶粉材料基本性能检测　　表 5-25

筛分试验结果	筛孔尺寸（mm）	2.36	1.18	0.6	0.3	0.075
	通过百分率（%）	100	100	51.09	18.3	1.24
	规范要求	100	65～100	20～100	0～45	0～5
物理、化学分析试验结果	检测项目	纤维含量（%）	金属含量（%）	碳酸钙（%）	密度（g/cm³）	
	试验值	0.07	0.00	3.3	1.17	
	规定值	≤0.5	≤0.1	≤4	1.15±0.05	
	单项结果评定	合格	合格	合格	合格	

2. 基质沥青

本次试验段工程橡胶沥青是由克拉玛依 90A 基质沥青掺加一定量的橡胶粉拌制而成，与其他基质沥青相同。克拉玛依 90A 基质沥青的性质对橡胶沥青的性能影响很大。克拉玛依 90A 基质沥青的选择在一定程度上受当地气候条件的影响。

橡胶沥青混凝土所使用的基质沥青为克拉玛依 90A 石油沥青，经检测该品种沥青的技术指标均符合《公路沥青路面施工技术规范》（JTG F40—2004）要求。基质沥青检测数据见表 5-26。

克拉玛依 90A 石油沥青基本性能检测　　表 5-26

试验项目		单　位	试验结果	技术指标
针入度（100g，25℃，5s）		0.1mm	88	80～100
软化点		℃	47.5	≥45
15℃延度		cm	>100	≥100
相对密度		g/cm³	0.982	实测记录
针入度指数 PI		—	-0.28	-1.5～+1.0
60℃动力黏度		mPa·s	243	≥160
10℃延度		cm	>100	≥45
含蜡量（蒸馏法）		%	1.9	≤2.2
闪点		℃	280	≥245
溶解度		%	99.9	≥99.5
TFOT 后	质量变化	%	0.299	±0.8
	残留针入度比	%	80.9	≥57
	残留延度 10℃	%	49	≥8

3. 橡胶粉的掺配比例

对于橡胶沥青来说,目前我国尚未有与此相关的标准以及规范,只能参照普通热拌沥青混合料的标准以及规范;但由于橡胶粉的加入对沥青的影响很大,其性能指标有其独特性,故不能全部硬搬硬套普通热拌沥青的规范要求。研究人员通过大量的试验研究表明,橡胶粉的掺入使原基质沥青针入度和延度降低,软化点和黏度有大幅度提高。而其中黏度是橡胶沥青重要的性能指标之一,其对橡胶沥青混合料性能影响很大,对施工和易性也有很大的影响。参照国内外橡胶沥青铺筑成功的经验,选定测试橡胶沥青 180℃旋转布氏黏度作为标准,来确定橡胶粉的掺量(注:以下所述掺量均为外掺即橡胶粉:基质沥青)。橡胶沥青掺配比例选定见表 5-27。

橡胶沥青掺配比例选定表 表 5-27

基质沥青	克拉玛依 90 号 A 级石油沥青	180℃
橡胶粉的掺量(%)		20
布氏黏度(Pa·s)	测试值	1.8
	下限	1.5
	上限	3.5

从表 5-27 中数据可看出,180℃下,橡胶粉掺量为 20% 时,布氏黏度为 1.8Pa·s,满足规范要求。

从已有的试验路段使用效果来看,我国规定橡胶沥青中废胶粉掺量占橡胶沥青总量在 15% ~22%。本次工程采用橡胶沥青的生产配合比为:橡胶粉:基质沥青 =20%:80%。

4. 橡胶沥青与 SBS 改性沥青指标

橡胶沥青是由香港君达集团采用乌鲁木齐生产的 40 目钢丝胎橡胶粉与克拉玛依 90 号石油沥青配制的。橡胶粉的掺量为 20%。检测其橡胶沥青的各项指标见表 5-28。

该橡胶沥青是采用 20% 子午胎经过研磨的废旧轮胎粉在高温状态下与克拉玛依 90 号基质沥青及添加剂通过适宜的加工工序形成的混合物。由表 5-28 对比发现,橡胶沥青针入度、软化点高于 SBS 改性沥青,说明橡胶沥青黏稠度、高温稳定性能高于 SBS 改性沥青。

橡胶沥青基本性能检测结果　　表 5-28

样品名称及规格		橡胶沥青指标	SBS 改性沥青指标	《橡胶沥青及混合料设计施工技术指南》(寒区)	《公路沥青路面施工技术规范》(JTG F40—2004)要求(SBS I—C)	
检测项目	单位	试验值	试验值	试验值	标准	规定值
针入度(100g,25℃,5s)	0.1mm	68	66	60～100	T0620	60～80
软化点(R&B)	℃	71	68	≥50	T0604	≥54
布氏黏度(180℃)	Pa·s	1.8	—	1.5～3.5	T0606	—
弹性恢复(25℃)	%	74	91	90	T0662	≥65
5℃延度	cm	16	55	≥10	T0605	≥10
相对密度(25℃)	g/cm^3	1.050	1.012	—	T0603	—

5. 集料

橡胶沥青混凝土中的粗、细集料采用阿克苏源兴砂石料场生产的玄武岩。集料粒径规格为 10～20mm、5～10mm、3～5mm、0～3mm 四种。集料的各项技术指标符合《公路沥青路面施工技术规范》(JTG F40—2004)要求。

研究小组联合施工单位、监理单位、总监办、第三方检测单位、业主对集料进行了初检、复检等多次检查，认真对比不同料场集料的压碎值、表观相对密度、吸水率、黏附性、软石含量、毛体积相对密度等各项指标，进行了一一对比，最后确定阿克苏源兴料场的玄武岩作为橡胶沥青混合料的集料，检测结果见表 5-29。

集料检测结果　　表 5-29

试验项目和试验结果	粗集料检测							
	序号	试验项目		单位	技术标准	3～5mm 碎石	5～10mm 碎石	10～20mm 碎石	备注
	1	压碎值		%	≤26	—	—	11.9	合格
	2	表观相对密度		g/cm^3	≥2.60	3.006	3.012	2.998	合格
	3	毛体积相对密度		g/cm^3	—	2.888	2.880	2.913	合格
	4	吸水率		%	≤2.0	1.36	1.52	0.96	合格
	5	黏附性		—	≥3 级	—	—	4 级	合格
	6	软石含量		%	≤3	0	0.2	0.4	合格
	7	针片状含量	混合料	%	≤15	—	—	—	合格
			>9.5mm	%	≤12	—	—	6.0	合格
			<9.5mm	%	≤18	—	4.9	—	合格

续上表

试验项目和试验结果	细集料检测					
	序号	试验项目	单位	技术标准	0～3mm	备注
	1	表观相对密度	g/cm³	≥2.50	2.915	合格
	2	毛体积相对密度	g/cm³	—	2.802	合格
	3	坚固性	%	≤12	2	合格
	4	亚甲蓝值	g/kg	≤2.5	0.5	合格
	5	棱角性	—	≥30	46.7	合格
结论	经检测，原材料被检测指标符合《公路沥青路面施工技术规范》(JTG F40—2004)相关规范要求					

6. 目标配合比的确定

橡胶沥青混合料配合比设计的目标是确定集料、矿粉、橡胶沥青等材料的最佳比例及用量，使得混合料能够保持良好的长期路用性能；作为应力吸收层，应具有良好的水稳性和抗裂性能；作为面层，应具有良好的高低温性能、水稳性、耐久性和承重能力，以保证道路的使用寿命。本研究选取连续级配AC-16级配调整建议，针对上述问题及成因，建议采取如下技术措施加以改善。为了提高混合料的高温抗车辙能力，结合原材料实际特点及国内外成功经验，建议将原混合料级配试配调整为如下方案(表5-30、图5-5)。

AC-16 沥青混合料级配 表5-30

筛孔(mm)	碎石 10～16mm	碎石 5～10mm	碎石 3～5mm	石屑	矿粉	合成	中值	范围	
31.5	100	100	100	100	100	100.0	100	100	100
26.5	100	100	100	100	100	100.0	100	100	100
19	100.0	100	100	100	100	100.0	100	100	100
16	93.8	100	100	100	100	97.8	95	90	100
13.2	63.7	100	100	100	100	86.9	84	76	92
9.5	16.4	99.4	100	100	100	69.7	70	60	80
4.75	0.8	11.8	90.1	100.0	100	39.8	48	34	62
2.36	0	1.2	9.3	81.4	100	26.3	34	20	48
1.18	0	1.1	2.4	58.2	100	20.0	24.5	13	36
0.6	0	1.1	1.4	36.8	100	14.6	17.5	9	26
0.3	0	1.1	1.3	23.9	100.0	11.4	12.5	7	18
0.15	0	0.0	1.2	18.4	97.1	9.5	9.5	5	14
0.075	0	0.0	1.2	13.1	84.0	7.5	6	4	8
配比	36	27	7	25	5	100			

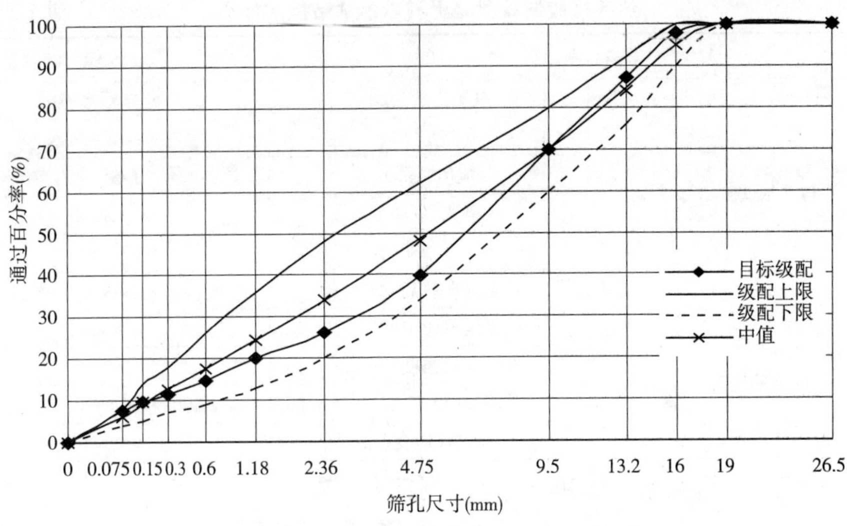

图 5-5　橡胶沥青目标配合比级配图

矿料配合比为：碎石(10～20mm)：碎石(5～10mm)：碎石(3～5mm)：碎石(0～3mm)：矿粉＝36：27：7：25：5。根据橡胶沥青混合料室内拌和与击实温度要求，制备橡胶沥青混合料。进行橡胶沥青混合料基本性能检测，检测结果见表 5-31。

橡胶沥青混合料基本性能指标检测结果　　表 5-31

混合料类型	油石比(%)	毛体积相对密度	最大理论相对密度	孔隙率(%)	矿料间隙率(%)	饱和率(%)	稳定度(kN)
AR－AC16C	4.0	2.517	2.739	8.1		47.5	14.14
	4.5	2.542	2.718	6.5	18.3	56.9	15.70
	5.0	2.551	2.697	5.5	17.6	64.1	14.98
	5.5	2.557	2.677	4.5	17.9	70.8	13.83
	6.0	2.567	2.658	3.4	18.3	77.9	12.84
最佳油石比(%)	5.4	2.556	2.681	4.6	17.8	70.4	13.92

根据工程上的应用成果，提出断级配橡胶沥青混合料的技术要求见表 5-32。

热拌橡胶沥青混凝土马歇尔试验技术标准 表5-32

试验项目		技术标准
马歇尔试验指标	击实次数(次)	两面各75次
	稳定度(kN)	≥8
	流值(mm)	1.5~4
	空隙率(%)	5.0±1.0
	沥青饱和度(%)	65~75
	矿料间隙率VMA(%)	≥19.0
性能验证要求	浸水残留稳定度(%)	≥80
	冻融残留强度比(%)	≥75
	车辙试验动稳定度(次/mm)	≥2 400;相对变形不超过5%
	弯曲破坏应变(με)	≥2 800

橡胶沥青混合料室内拌和与击实温度见表5-33。

AR-AC-16C 沥青混合料室内拌和与击实温度 表5-33

项目	温度	项目	温度
矿料	185~195℃	试模预热温度	170~175℃
沥青加热温度	175~190℃	试件击实温度	180~190℃
沥青混合料拌和温度	180~190℃	试件成型终了温度	不低于170℃

二、生产配合比设计

1.生产配合比级配调整

根据试验室的目标配合比进行生产配合比设计。AR-AC-16C生产配合比矿料级配计算表及曲线图见表5-34、图5-6。

AR-AC-16C 生产配合比矿料级配计算表 表5-34

筛孔(mm)	碎石 10~15mm	碎石 5~10mm	砂 3~5mm	砂 0~3mm	矿粉	合成	中值	范围	
19	100	100	100	100	100	100	100	100	100
16	94.6	100	100	100	100	98.8	97.5	95	100
13.2	52.1	100	100	100	100	89.0	81.0	70	92
9.5	4.9	83.0	100	100	100	72.5	66.0	56	76
4.75	0.2	6.3	81.4	97.8	100	44.0	40.0	30	50
2.36	0.2	0.2	9.7	76.4	100	30.1	28.0	20	36
1.18	0.2	0.2	3.5	51.2	100	22.2	22.0	16	28
0.6	0.2	0.2	1.2	26.8	100	15.0	15.0	10	20

续上表

筛孔 (mm)	碎石 10~15mm	碎石 5~10mm	砂 3~5mm	砂 0~3mm	矿粉	合成	中值	范围	
0.3	0.2	0.2	0.8	13.8	100	11.2	12.0	8	16
0.15	0.2	0.2	0.7	9.2	95.7	9.6	9.5	6	13
0.075	0.2	0.2	0.6	6.8	81.6	7.8	6.0	4	8
配比	23	33	8	29	7	100	—	—	—

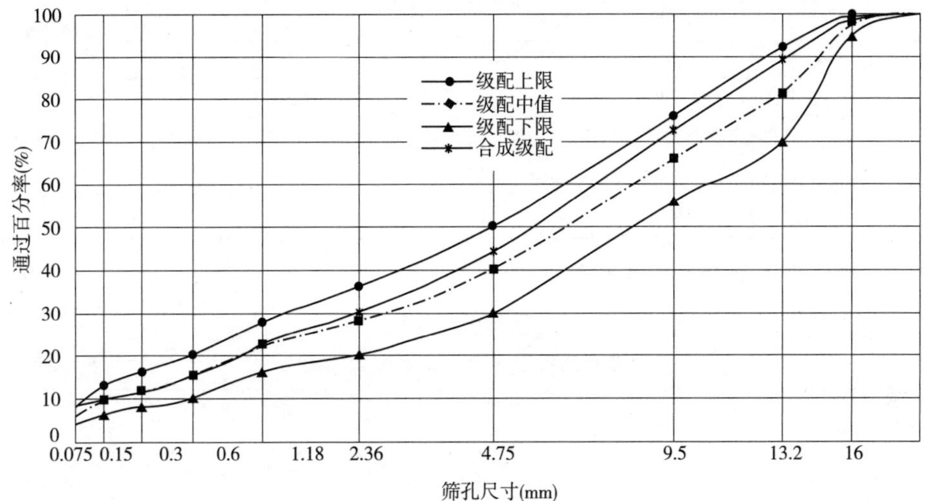

图 5-6 生产级配合与成级配曲线

矿料配合比为:碎石(10~20mm):碎石(5~10mm):碎石(3~5mm):碎石(0~3mm):矿粉=23:33:8:29:7。根据橡胶沥青混合料室内拌和与击实温度规定,制备橡胶沥青混合料,进行橡胶沥青混合料基本性能检测。

2. 马歇尔基本性能指标检测

橡胶沥青混合料基本性能指标检测结果见表 5-35。

橡胶沥青混合料基本性能指标检测结果 表 5-35

混合料类型	沥青	油石比(%)	毛体积相对密度	最大理论相对密度	孔隙率(%)	矿料间隙率(%)	饱和率(%)	稳定度(kN)	流值(mm)
AC-16C	橡胶沥青	5.1	2.536	2.665	4.8	—	69.0	11.16	3.0
		5.4	2.538	2.654	4.4	—	72.0	11.82	3.5
		5.7	2.532	2.642	4.2	—	74.2	10.97	3.4
	选定	7.5	2.292	2.383	3.82	18.68	77.25	5.67	3.30

3. 橡胶沥青混合料抗水损坏检测

橡胶沥青混合料抗水损坏试验见表5-36。

橡胶沥青混合料冻融劈裂试验结果 表5-36

序号	第一组试件(未进行冻融劈裂循环)			第二组试件(进行冻融劈裂循环)			规范要求
	试件高度(mm)	试验荷载(N)	劈裂抗拉强度(MPa)	试件高度(mm)	试验荷载(N)	劈裂抗拉强度(MPa)	
1	64.3	7 260	0.71	63.9	6 310	0.62	
2	63.7	7 740	0.76	64.7	6 560	0.64	
3	63.8	7 470	0.74	63.4	6 930	0.69	
4	63.5	6 850	0.68	63.8	7 270	0.72	
第一组试件(未进行冻融劈裂循环)平均劈裂抗拉强度(MPa)					0.72		
第二组试件(进行冻融劈裂循环)平均劈裂抗拉强度(MPa)					0.67		
冻融劈裂抗拉强度比(%)				93.1			≥75

4. 橡胶沥青混合料抗车辙性能检测

橡胶沥青混合料抗车辙性能试验见表5-37。

橡胶沥青混合料的车辙试验结果 表5-37

试件编号		级配类型	时间 t 时的变形量 a	时间 t 时的变形量 b	动稳定度(次/mm)
橡胶沥青混合料	1	AC-16C	1.23	1.33	6 300
	2		0.98	1.07	7 000
	3		1.01	1.10	7 000
	平均值				6 767
变异系数(%)		6.0			

橡胶沥青混合料动稳定度高于SBS改性沥青混合料,即橡胶沥青混合料抗车辙性能优于SBS改性沥青混合料。究其原因是橡胶粉中含有的炭黑组分对沥青有补强作用,废旧轮胎中抗老化剂、抗氧化剂含量高,使得橡胶沥青混合料的高温稳定性、抗车辙性能明显优于SBS改性沥青。

第四节 本章小结

本章通过我国北方地区成功铺筑的橡胶沥青混凝土路面,结合北方地区特殊的气候环境以及地理条件,深入分析橡胶沥青、集料以及橡胶沥青混合料的各项检测数据,因地制宜地按照本地区条件,研究探讨适合北方地区的配合比设计。

(1)根据新疆生产的橡胶粉的物理及化学指标来看,调配出适合寒冷地区生产的橡胶粉掺量范围,宜控制在18% ~20%。

(2)在吐乌大橡胶沥青罩面工程中,橡胶粉的细度为20目胶粉,由于橡胶粉比较粗,发现在施工过程中橡胶沥青容易发生离析,橡胶粉与基质沥青的相容性比较差,建议今后橡胶粉的细度宜控制在20~80目。

(3)根据我国寒冷地区特殊的气候条件以及橡胶沥青施工所需温度控制,建议在新疆铺筑橡胶沥青路面的施工最佳月份为6~9月。

第六章 掺加废旧轮胎橡胶材料的沥青路面路用性能研究

掺加废旧橡胶粉对基质沥青的各项性能的提升效果十分明显，根据新疆地区特殊条件进行配合比设计后，研究人员对其路用性能又展开了试验与观察，以检测橡胶沥青混合料是否适用于实际工程中。

第一节 充当集料功能的橡胶沥青路面路用性能分析

一、吐乌大幸福路口到甘河子段橡胶沥青罩面工程概况

本项目改造工程范围为新疆吐乌大高等级公路幸福路口至甘河子段，该段路已于2006年升级改造为一级公路，利用原有二级公路作为半幅，新建另外半幅，采用分向行驶通行方式。

原有半幅二级公路于1998年建成，设计行车速度为80km/h，路基宽度为12m，路面宽度为9.0m。行车道为2×4.5m，土路肩宽度为1.5m。路拱横坡为1.5%，路肩横坡2.5%，路面结构形式：4cm中粒式沥青混凝土+6cm沥青碎石+18cm厚4%水泥稳定砂砾+24cm天然砂砾，路面两侧边缘设置有路缘石。

新建半幅设计行驶车速为100km/h，路基宽度为12.0m，路面宽11.0m，行车道宽度为2×3.75m，右侧硬路肩宽度为2.5m，左侧为1.0m，土路肩宽度为0.50m，路拱横坡1.5%，路肩横坡为2.5%，路面面层上层为4cm厚中粒式沥青混凝土，下面层为6cm粗粒式沥青混凝土，基层为20cm厚5%水泥稳定砂砾，底基层为34cm厚天然砂砾，两侧未设置路缘石。

在一级路升级改造中，将平交设计升级为分离式立体交叉或者互通式立交，增加了大黄山服务区，同时全线设置了波形梁护栏、轮廓标、隔离栅等交通安全设施，并对公路全线进行了封闭处理。

二、橡胶沥青混合料配合比以及马歇尔试验结果

根据前文配合比设计所得配合比，本试验段采用橡胶沥青混合料的间断级配，

其间断点选为2.36mm,级配采用AR-AC-13。矿料配合比为:碎石(10~15mm):碎石(5~10mm):石屑(0~5mm):水泥=49:20:29:2。

本研究组人员于2009年9月7日在ZK570+680~ZK571+000段对AR-AC-13橡胶沥青面层进行了试铺工作。9月8日对橡胶沥青试验段进行了钻芯取样,芯样完整密实,与下层黏结较好,厚度与压实度都达到了设计与规范要求。

AR-AC-13橡胶沥青混凝土试验段检测结果见表6-1。

AR-AC-13橡胶沥青混凝土试验段检测结果 表6-1

施工路段	压实度(%)	厚度(mm)	级配筛分	油石比(%)	马歇尔试验指标	构造深度(mm)	渗水系数(ml/min)
ZK570+680~ZK571+000	96.0	51.2	符合设计要求	7.4	符合设计要求	1.51	98
规范要求	≥96.0	≥45	符合设计要求	7.3+0.2	符合设计要求	≥0.45	≤200

通过在橡胶沥青混凝土路面施工过程中对温度、厚度、平整度、压实度、弯沉等指标的全程跟踪检测,各项指标控制平稳,符合设计以及施工技术指南的要求。

三、橡胶沥青路面路用性能评价

吐乌大橡胶沥青罩面施工4年以后,新疆交通科学研究院联合广州君达集团,对橡胶沥青路面使用性能做了检测,前文已经引用路面试验检测数据,现在就室内试验数据展开分析。

1.芯样外观描述(路面厚度、孔隙率)

为了观测沥青路面密实性,现场钻芯取样对路面厚度进行测量,路面厚度一般为13~14cm,满足设计要求。从芯样表面来看,芯样的表观孔隙率很小,成型较为密实,这与路面的渗水率较低密切相关。

从现场钻芯取样结果来看,路面结构完好,沥青面层之间及沥青面层与水稳层之间黏结情况由后期室内芯样剪切试验结果得出。路面钻芯取样位置及沥青面层厚度如图6-1、表6-2所示。

2.芯样剪切试验

为了评价分析层间黏结强度,对钻芯取样样品进行层间剪切强度试验。因目前还没有统一的用于评价沥青混凝土路面层间抗剪性能的试验方法，故本试验自行加工斜剪试模，采用剪应力试验方法检测芯样间剪切力。

图 6-1　橡胶沥青施工

钻芯取样厚度检测结果　　表 6-2

钻探桩号	橡胶沥青层厚度（cm）	下面层厚度（cm）	沥青面层厚度（cm）	备　注
K559 +000	4. 51	5. 42	9. 93	上行
K560 +000	4. 00	6. 21	10. 21	
K561 +000	4. 75	6. 55	11. 30	
K570 +000	6. 25	6. 90	13. 15	下行
K569 +500	4. 85	8. 05	12. 90	
K569 +000	5. 03	8. 05	13. 08	
K568 +200	5. 35	9. 00	14. 35	
K567 +500	4. 95	8. 30	13. 25	

路面材料的力学试验加载速率分为两类：①慢速加载，加载速率一般为 1mm/min；②快速加载，加载速率一般为 50mm/min。车辆公路上行驶时，车辆荷载对沥青面层的剪应力作用是瞬间的，采用快速加载可以真实模拟实际车辆荷载对沥青路面的作用；由于剪切试验时，加载速度直接影响剪应力的大小，速度越大剪应力越大，试验效果越明显；荷载速率快可以减小斜剪套具自重等外界因素对抗剪强度的影响，故本次试验采用加载速度为 50mm/min。本次试验环境温度为室温 20℃。剪切试验原始数据记录见表 6-3。

剪切试验原始数据记录表　　表 6-3

桩　　号	力峰值(kN)	位移(mm)	最大剪应力(MPa)
K559 +000	24.25	1.6	0.5
K560 +000	38.25	3.1	0.9

自行加工的斜剪套具分为上压头和底座，其中上压头由于自重作用，对层间抗剪强度有一定影响，计算抗剪强度时需将上压头自重计算在内，其中上压头重 10.039kg，倾角为 45°。

由以上两个试件剪切所得应力-应变图及试验数据处理结果可得，K559 +000 处路面芯样层间黏结失效荷载为 24.25kN，层间黏结的最大剪应力为 0.5MPa；K560 +000 处路面芯样层间黏结失效荷载为 38.5kN，层间黏结的最大剪应力为 0.9MPa。

对上述检测结果，采用计算沥青路面英里的 BISAR3 软件进行层间剪应力计算分析，计算时确定的路面结构如下：材料参数取值参考沥青路面设计规范附录 E，并结合我国北方地区的特点，相关取值见表 6-4。

剪切试验原始数据记录表　　表 6-4

结　构　层	厚度(cm)	15℃抗压模量(MPa)	泊松比
上面层(AC13 橡胶改性沥青混凝土)	5	2 000	0.3
下面层(AC25 沥青混凝土)	6	1 800	0.3
水泥稳定砂砾基层	24	1 600	0.25
砂砾垫层	20	160	0.3
土基	—	70	0.4

经计算最大剪应力为 0.162MPa（竖向荷载取 0.7MPa）。计算结果显示实际路面在 0.7MPa 竖向应力作用下，上面层底面产生的剪应力远小于实测的橡胶沥青面层与下面层之间的剪应力，说明橡胶沥青混凝土具有良好的层间抗剪性能。

3. 橡胶沥青层混合料密度试验

将剪切试验后的橡胶沥青面层试件采用表干法进行沥青混合料密度试验，试验结果见表 6-5。

沥青混合料的密度间接反映了施工时的压实情况，试验结果显示与施工时试验室毛体积相对密度 2.381（g/cm^3）相比个别检测值略低，分析其原因这与施工时温度略低有一定关系，所以今后橡胶沥青路面施工过程中一定要严格控制施工温度。

沥青混合料试件密度记录表 表6-5

取样桩号	干燥试件空气中质量(g)	试件水中质量(g)	试件表干质量(g)	试件吸水率(%)	试件毛体积相对密度
K568 +200	854.60	475.10	856.70	0.6	2.240
K569 +500	789.10	435.60	791.50	0.7	2.217
K560 +000	723.90	431.60	725.80	0.6	2.461
K570 +000	940.00	528.30	943.20	0.8	2.266
K559 +000	761.10	451.40	764.10	1.0	2.434

4. 橡胶沥青路面芯样马歇尔试验

将钻取的芯样进行马歇尔试验,用以评定沥青路面施工质量是否符合设计要求以及进行路况调查。本次为标准钻孔芯样试件,试件直径为100mm,试件高度为4.00~5.35cm,符合标准芯样钻孔试件要求。沥青路面芯样马歇尔试验结果见表6-6。

沥青路面芯样马歇尔试验记录表 表6-6

桩　号	直径(mm)	高度(cm)	修正值(cm)	MS(kN)	FL(mm)
K559 +000	100	4.51	1.92	8.97	6.5
K560 +000	100	4.00	2.50	10.85	3.7
K561 +000	100	4.75	1.67	—	—
K570 +000	100	6.25	1.04	3.10	3.7
K569 +500	100	4.85	1.67	5.81	6.0
K569 +000	100	5.03	1.47	—	—
K568 +200	100	5.35	1.32	5.20	4.3
K567 +500	100	4.95	1.50	—	—

注:沥青路面芯样马歇尔试验结果不能作为检查沥青路面是否合格的依据。本次改造上面层厚度为5cm,对采用剪切试验得到的沥青上面层进行马歇尔试验,结果显示除K570 +000MS略低外,其余结果满足要求。

5. 橡胶沥青混合料油石比及矿料级配检测

对橡胶沥青路面采取的混合料试样进行沥青含量试验和级配检测,用以评定沥青路面的施工质量。检测结果见表6-7。

沥青混合料油石比记录表　　表 6-7

取 样 桩 号	沥青混合料试样质量(g)	抽提后矿料总质量(g)	油石比(%)	油石比平均值(%)
K559 +000	761.1	711.9	6.9	7.2
K560 +000	723.9	673.4	7.5	
K570 +000	940.0	875.1	7.4	
K569 +500	789.1	735.1	7.3	
K568 +200	854.6	798.8	7.0	

将沥青混合料抽提沥青含量后的回收矿料进行筛分试验，用以检验沥青混合料的矿料级配是否符合设计要求，将干燥后的矿料进行筛分，试验结果见表 6-8。

矿料筛分试验记录表　　表 6-8

筛孔尺寸(mm)	分记筛余质量(g)					
	1 号	2 号	7 号	8 号	6 号	平均值
16.0	0	0	0	23.4	7.49	15.45
13.2	42.74	57.81	33.42	65.95	69.17	53.81
9.5	228.91	197.5	176.48	144.96	102.33	170.04
4.75	259.32	239.1	345.65	150.10	152.59	229.35
2.36	113.47	81.98	142.89	65.86	83.27	97.49
1.18	48.71	43.13	57.19	46.29	50.29	49.12
0.6	42.07	39.71	47.1	68.29	70.43	53.52
0.3	22.89	23.11	26.94	67.86	68.23	41.81
0.15	8.35	19.51	12.27	18.93	22.38	16.29
0.075	19.49	13.95	15.32	36.95	28.69	22.88
筛底	12.01	18.8	17.25	21.85	17.72	17.53

通过沥青混合料的矿料级配检测，原沥青混合料的矿料组成基本符合设计要求，少量超出范围部分，可能是由于级配检验使用原路面芯样作为试验样品造成的，因为在芯样的钻取过程中，会将少量矿料打碎，从而造成少量细集料超出设计范围。抽提后测定的油石比平均值为 7.2，与路面施工时控制值基本相当。

四、吐乌大橡胶沥青路面路用性能与 SBSAC-13 改性沥青对比

沥青路面构造深度用以评定路面表面的宏观构造，是表征路面粗糙度的重要指标，与路标抗滑、排水、噪声等都有直接关系。普通 SBS 构造深度检测见表 6-9。

普通 SBS 构造深度检测表　　表 6-9

测点桩号	铺砂直径(mm)	构造深度(mm)
K573+000~K572+000	225	0.63
K572+000~K571+000	245	0.53
K556+000~K557+000	229	0.61
K557+000~K558+000	251	0.51

与第二章表 2-18 对比,普通 SBS 改性沥青路面构造深度为 0.57mm,相对橡胶沥青路面降低了约 40%。

摆式摩擦仪用来测定沥青路面的抗滑值,评定路面在潮湿状态下的抗滑能力。摆式摩擦仪的 BPN 值是反映路面抗滑性能的综合指标,测点分别选在轮迹带上以及停车带上,停车带上的摩擦系数可以模拟路面竣工时的抗滑性能。普通 SBS 摩擦系数检测见表 6-10。

普通 SBS 摩擦系数检测记录表　　表 6-10

起止桩号	轮迹分布带摆值 BPN	停车带摆值 BPN	备注
K573+000~K572+000	29	44	下行线
K572+000~K571+000	35	54	
K556+000~K557+000	50	71	上行线
K557+000~K558+000	44	62	
平均值	40	58	

与第二章表 2-19 对比,橡胶沥青路面轮迹带抗滑值平均值为 54,对应停车带为 72,路面抗滑性能衰减为 25%。普通 SBS 改性沥青路面平均抗滑值为 40,对应停车带抗滑值为 58,路面抗滑性能衰减为 31%。所调查不同路段抗滑值统计结果表明,橡胶沥青路面抗滑性能较普通沥青路面好,抗滑性能衰减较普通沥青路面小。

第二节　充当改性材料功能的橡胶沥青路面路用性能分析

橡胶沥青技术,特别是充当改性材料功能的橡胶沥青现在广泛应用于各项工程当中。充当改性材料功能的橡胶沥青是指先把基质沥青加热到一定温度,然后加入适当比例的橡胶粉,制成橡胶改性沥青,再与混合料拌和。以下就其路用性能展开分析。

一、克拉玛依—白碱滩橡胶沥青路面工程概况

2013 年 7 月本研究组人员在克拉玛依—白碱滩快速路上成功地铺筑橡胶沥青路面试验段，现对施工时试验段情况进行分析。试验段共 2 段，第一段桩号 K11 + 100 ~ K10 + 080（左幅），第二段桩号 K11 + 000 ~ K12 + 000（右幅）。试验段是主线（主线起点 K4 + 500，终点为 K17 + 652. 362，道路全长 13. 152km）的一部分，道路采用城市快速路标准设计，设计行车速度 80km/h，道路红线宽度为 63. 5m。

克拉玛依市区属大陆性干旱、半干旱气候类型。夏季炎热，冬季严寒，春秋季多风。降水稀少而蒸发量极大，空气干燥，光照丰富（表 6-11）。地基土标准冻土深度 1. 63m，地基土极端冻结深度 1. 97m。

气 象 资 料 表　　表 6-11

项 目 名 称	单　位	数　值
最热月平均气温	℃	27. 5
最冷月平均气温	℃	-16. 7
极端最高气温	℃	42. 9
极端最低气温	℃	-35. 9
年平均降水量	mm	105. 3
历年最大降水量	mm	227. 3
历年平均蒸发量	mm	3 545. 2

试验段所经区域宏观上属于冲洪积沉降平原地貌。自更新世末期以来，在扎伊尔山以南地区，地壳相对下降，形成堆积平原。平原上为更新世以来的冲洪积平原地貌，呈现间隔分布特征。

试验段 K11 + 100 ~ K10 + 080（左幅）、K11 + 000 ~ K12 + 000（右幅）地形是上坡路段。

二、橡胶沥青混合料性能检测

1. 橡胶沥青性能指标检测

橡胶沥青性能指标检测见表 6-12。

橡胶沥青抽检结果数据表 表 6-12

样品名称及规格		橡胶沥青指标	《橡胶沥青及混合料设计施工技术指南》(寒区)
检 测 项 目	单 位	试 验 值	规 定 值
针入度(100g,25℃,5s)	0.1mm	78	60~80
软化点(R&B)	℃	59	≥54
布氏黏度(180℃)	Pa·s	2.16	1.0~3.0
回弹率(25℃)	%	92	≥65
5℃延度	cm	24	≥10
相对密度(25℃)	—	0.985	—

橡胶沥青的抽检结果表明,橡胶沥青技术指标满足《橡胶沥青及混合料设计施工技术指南》(寒区)的指标要求。

2. 油石比、级配检测

施工过程中,取拌和站混合料进行马歇尔试验,得出级配和油石比及最大理论相对密度等数据,见表 6-13、表 6-14。

橡胶沥青混合料油石比马歇尔试验数据表 表 6-13

油石比(%)	毛体积相对密度	最大理论相对密度	孔隙率(%)
7.3	2.319	2.389	4.26

级 配 数 据 表 表 6-14

筛孔(mm)	16	13.2	9.5	4.75	2.36	1.18	0.6	0.3	0.15	0.075
抽检数据	100	94.2	57.4	30.8	20.7	16.2	13.4	11.4	10.5	8.2
中值	100	95	62.5	27	20.5	16.3	13.4	11.5	10.5	8.7
范围	100	90	50	20	15	14	12	10	9	8
	100	100	75	34	26	24	20	16	15	12

检测数据表明,施工过程中级配、油石比、毛体积相对密度、孔隙率没有发生较大的波动。

3. 水稳定性指标抽检

由表 6-15 可知,规范要求冻融劈裂抗拉强度比应≥70%,干旱区浸水马歇尔试验残留稳定度不小于 80%,橡胶沥青混合料冻融劈裂抗拉强度比为 82.4%,浸水马歇尔试验残留稳定度为 88%,远大于规范要求。这表明,SMA-13 橡胶沥青混合料冻融劈裂强度指标满足《公路沥青路面施工技术规范》(JTG F40—2004)的技术要求。

橡胶沥青混合料冻融劈裂与浸水马歇尔试验残留稳定度抽检结果　　表 6-15

序号	第一组试件(未进行冻融劈裂循环)			第二组试件(进行冻融劈裂循环)			规范要求
	试件高度(mm)	试验荷载(N)	劈裂抗拉强度(MPa)	试件高度(mm)	试验荷载(N)	劈裂抗拉强度(MPa)	
1	62.4	5 760	0.580	64.5	4 300	0.419	
2	63.5	5 410	0.536	63.8	4 870	0.482	
3	62.2	5 090	0.534	63.5	5 000	0.497	
4	62.8	5 370	0.538	63.8	4 320	0.426	
第一组试件(未进行冻融劈裂循环)平均劈裂抗拉强度(MPa)					0.557		
第二组试件(进行冻融劈裂循环)平均劈裂抗拉强度(MPa)					0.459		
冻融劈裂抗拉强度比(%)					82.4		≥70
说明	1. 试件为击实法成型圆柱体试件;2. 劈裂试验加载速度为 50mm/min						
浸水马歇尔试验残留稳定度(%),不小于							
混合料类型				测试值	规范干旱区(<250mm)要求值		
橡胶沥青混合料				88	80		

4. 抗车辙性能指标抽检

由表 6-16 抽检结果可知,橡胶沥青混合料动稳定度与生产配合比试验数据较为接近,说明施工中级配和油石比波动较小,施工变异性较小。

橡胶沥青混合料的车辙试验结果　　表 6-16

试件编号		级配类型	试件实测相对密度	试件孔隙率(%)	动稳定度(次/mm)
橡胶沥青混合料	1	SMA-13	2.315	3.28	6 900
	2		2.311	3.75	6 200
	3		2.305	3.49	6 100
	平均值		2.296	3.88	6 700
变异系数(%)		4.59			

试验条件及方法:
1. 试件成型采用轮碾法(JTG E20—2011 T0703);
2. 试验温度 60℃(JTG E20—2011 T0719);
3. 试件上机前在 60℃恒温箱中保温 5~24h(JTG E20—2011 T0719);
4. 试验时的轮载重 700N,线压力 0.7MPa(JTG E20—2011 T0719);
5. 轮迹行走距离(23±1)cm(JTG E20—2011 70719);
6. 轮迹行走速度选用(42±1)次/min(JTG E20—2011 T0719);
7. 轮迹行走方向与制作时碾压方向一致(JTG E20—2011 T0719)

5. 抗低温性能指标抽检

由表6-17可知，规范要求冬寒区1～2、2～2弯拉应变不小于2 800με，橡胶沥青混合料弯拉应变3 256με，远大于规范要求。这表明，SMA-13沥青混凝土低温弯曲试验结果满足《公路沥青路面施工技术规范》（JTG F40—2004）的技术要求。

SMA-13沥青混凝土低温弯曲小梁的实验结果 表6-17

指标	相对密度	孔隙率（%）	抗弯拉强（MPa）	弯拉应变（με）	弯曲劲度模（MPa）
橡胶沥青混合料	2.321	4.10	11.23	3 256	3 174
规范要求（冬寒区1～2,2～2）				不小于2 800	—
评定结果	橡胶沥青混合料抗低温性能满足规范要求				
说明	1. 试验方法：JTG E20—2011 T0715； 2. 试件尺寸：30mm×35mm×250mm； 3. 试验温度：－10℃； 4. 加载速度：50mm/min				

三、橡胶沥青路面路用性能评价

研究小组和工地试验室对橡胶沥青混合料试验段进行了弯沉、压实度、渗水系数、摩擦系数、构造深度指标检测。

1. 压实度检测评定分析

压实度检测评定分析如图6-2～图6-5、表6-18及表6-19所示。

图6-2 现场钻芯

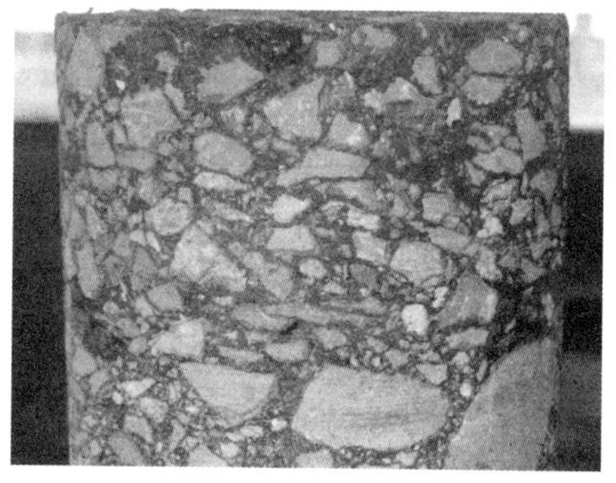

图6-3 芯样柱面

图 6-4　芯样断面嵌挤密实

图 6-5　毛体积相对密度测试

K11 +100 ~ K10 +080(左幅)压实度表　　表 6-18

桩　　号	厚度(mm)	钻芯试件毛体积相对密度	马歇尔试件标准相对密度	最大理论相对密度	压实度(%)	JTG F80/1—2004 公路工程质量检验评定标准要求
K11 +100	40	2.232	2.274	2.383	98.153	不小于 98%
K11 +000	43	2.241	2.274	2.383	98.549	
K10 +900	42	2.238	2.274	2.383	98.417	
K10 +800	41	2.239	2.274	2.383	98.461	
K10 +700	42	2.243	2.274	2.383	98.637	
K10 +600	40	2.232	2.274	2.383	98.153	
K10 +500	43	2.232	2.274	2.383	98.153	
K10 +400	42	2.274	2.274	2.383	99.994	
K10 +300	41	2.234	2.274	2.383	98.223	
K10 +200	43	2.230	2.274	2.383	98.061	

续上表

桩　　号	厚度（mm）	钻芯试件毛体积相对密度	马歇尔试件标准相对密度	最大理论相对密度	压 实 度（%）	JTG F80/1—2004 公路工程质量检验评定标准要求
K10+150	45	2.229	2.274	2.383	98.026	不小于98%
K10+100	43	2.231	2.274	2.383	98.181	
K10+080	42	2.230	2.274	2.383	98.077	
K10+000	43	2.231	2.274	2.383	98.107	

K11+000～K12+000（右幅）压实度表　　　表6-19

桩　　号	厚度（mm）	钻芯试件毛体积密度（g/cm^3）	马歇尔试件标准密度（g/cm^3）	压 实 度（%）	JTG F80/1—2004 公路工程质量检验评定标准要求
K11+000	42	2.230	2.274	98.081	不小于98%
K11+050	41	2.229	2.274	98.000	
K11+100	42	2.242	2.274	98.574	
K11+200	43	2.239	2.274	98.464	
K11+300	43	2.238	2.274	98.411	
K11+400	43	2.247	2.274	98.828	
K11+500	42	2.229	2.274	98.014	
K11+600	42	2.231	2.274	98.109	
K11+650	42	2.239	2.274	98.479	
K11+700	43	2.240	2.274	98.524	
K11+800	40	2.230	2.274	98.054	
K11+850	41	2.232	2.274	98.154	
K11+900	42	2.239	2.274	98.479	
K11+940	45	2.237	2.274	98.363	
K12+000	44	2.238	2.274	98.129	

由表6-18、表6-19数据分析可知，在相同的施工工艺下，橡胶沥青混合料压实度都满足《公路工程质量检验评定标准》（JTG F80/1—2004）要求，这与橡胶沥青混合料嵌挤密实的级配和合理的油石比有关。

2. 弯沉值检测评定分析

(1)K11 +100 ~ K10 +080(左幅)评定:因弯沉值检测路面温度70℃(下午4:30),按照《公路路基路面现场测试规程》(JTG E60—2008)进行温度修正。计算得到左侧代表弯沉值13.31(0.01mm),右侧代表弯沉值12.51(0.01mm)。由设计资料得知,设计弯沉值28.7(0.01mm)。评定得知代表弯沉值小于设计弯沉值,弯沉评定合格(图6-6、表6-20)。

图6-6　现场测弯沉

橡胶沥青混合料试验段弯沉值计算表　　表6-20

路　段	桩　号	行车方向	左侧代表弯沉值(0.01mm)	右侧代表弯沉值(0.01mm)
橡胶沥青混合料试验段	K11 +100 ~ K10 +080	左幅	13.31	12.51
	K11 +000 ~ K12 +000	右幅	11.80	12.66

(2)K11 +000 ~ K12 +000(右幅)评定:因弯沉值检测路面温度70℃(下午5:00),按照《公路路基路面现场测试规程》(JTG E60—2008)进行温度修正。计算得到左侧代表弯沉值11.80(0.01mm),右侧代表弯沉值12.66(0.01mm)。由设计资料得知,设计弯沉值28.7(0.01mm)。评定得知代表弯沉值小于设计弯沉值,弯沉评定合格。

对比分析橡胶沥青混合料与SBS改性沥青混合料试验段可知,橡胶沥青混合料铺筑完成后的强度高于SBS改性沥青混合料,一定程度表明橡胶沥青混合料抗重载性能好。

3. 摩擦系数与构造深度检测评定分析

(1)摩擦系数:摆式摩擦系数测定仪是用以评定路面在潮湿状态下抗滑能力的综合性指标,试验结果如图6-7、表6-21所示。

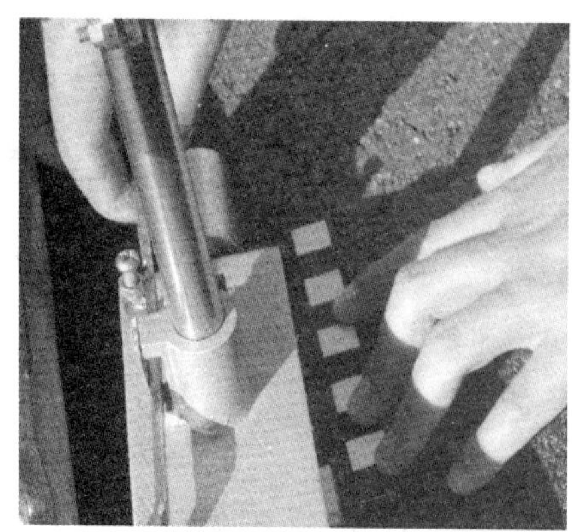

图 6-7　摆式摩擦仪

橡胶沥青混合料试验段摩擦系数计算表　　表 6-21

桩　号	平 均 值	标 准 差	变 异 系 数
K10 + 100(左幅)	87.47	1.37	1.54
K10 + 200(左幅)	87.52	1.41	1.62
K10 + 300(左幅)	88.00	1.22	1.39
K10 + 400(左幅)	88.11	0.69	0.78
K10 + 500(左幅)	88.33	0.66	0.73
K10 + 600(左幅)	88.41	0.68	0.77
K10 + 700(左幅)	87.93	0.61	0.72
K10 + 800(左幅)	88.39	0.72	0.73
K10 + 900(左幅)	77.13	0.90	1.17
K11 + 000(左幅)	79.55	0.91	0.98
K11 + 100(右幅)	77.00	1.01	1.30
K11 + 200(右幅)	79.43	0.66	0.78
K11 + 300(右幅)	76.60	0.72	0.97
K11 + 400(右幅)	77.23	0.76	0.88
K11 + 500(右幅)	78.30	0.71	0.94
K11 + 600(右幅)	78.33	0.72	0.93
K11 + 700(右幅)	77.15	0.72	0.92
K11 + 800(右幅)	78.33	0.86	0.83

(2)构造深度:路面表面的构造深度(TD)是路面粗糙度的主要指标,它与路表抗滑性能、排水、噪声等都有一定关系,试验结果如图 6-8、表 6-22 所示。

图6-8　现场检测构造深度

橡胶沥青混合料试验段构造深度计算表　　表6-22

桩　　号	平均值(mm)	标　准　差	变 异 系 数
K10+000(左幅)	0.98	0.008	1.13
K10+100(左幅)	0.99	0.01	1.11
K10+200(左幅)	0.98	0.02	0.63
K10+300(左幅)	0.98	0.01	0.64
K10+400(左幅)	0.95	0.02	0.67
K10+500(左幅)	1.01	0.01	0.65
K10+600(左幅)	0.96	0.02	0.67
K10+700(左幅)	1.02	0.01	0.65
K10+800(左幅)	0.99	0.01	0.68
K11+000(左幅)	0.95	0.007	0.63
K11+100(左幅)	0.94	0.008	0.72
K11+000(右幅)	0.86	0.006	0.62
K11+100(右幅)	0.93	0.006	0.62
K11+200(右幅)	0.94	0.007	0.63
K11+300(右幅)	0.86	0.006	0.62
K11+400(右幅)	0.88	0.011	1.07
K11+500(右幅)	0.87	0.010	1.07
K11+700(右幅)	0.88	0.019	1.17
K11+900(右幅)	0.89	0.014	1.03
K12+000(右幅)	0.88	0.018	1.21

由表6-21、表6-22摆式摩擦系数和构造深度数据分析可知，SMA13橡胶沥青混合料摩擦系数与构造深度指标都满足设计要求。原因是橡胶粉颗粒能够优化微观表面纹理，增强车辆行驶摩擦力，提高抗滑性能。

4. 渗水系数检测评定分析

沥青路面表面层的抗渗水能力直接影响沥青路面的使用性能和寿命，抗渗水能力小，容易出现松散、掉粒、唧浆等水损害病害，继而产生结构性病害。因此，要求表面层沥青混合料要具有一定的密实性，渗水能力较小。渗水能力的大小用渗水系数评定。试验结果见表6-23。

橡胶沥青混合料试验段渗水系数计算表 表6-23

桩　号	平均值(mL/min)	标准差	变异系数
K10 +000(左幅)	48	2.1	3.5
K10 +100(左幅)	46	2.0	3.4
K10 +200(左幅)	49	2.2	3.6
K10 +300(左幅)	47	3.3	6.7
K10 +400(左幅)	46	2.0	3.6
K10 +500(左幅)	41	3.3	6.7
K10 +600(左幅)	47	2.1	3.7
K10 +700(左幅)	43	3.3	3.8
K10 +800(左幅)	44	3.2	3.9
K10 +900(左幅)	64	3.3	4.0
K11 +000(左幅)	45	3.4	4.1
K11 +100(右幅)	62	3.3	4.3
K11 +200(右幅)	63	2.1	3.5
K11 +300(右幅)	64	2.0	3.4
K11 +400(右幅)	62	2.2	3.5
K11 +500(右幅)	68	3.3	6.7
K11 +700(右幅)	64	3.2	6.8
K11 +900(右幅)	62	3.5	6.8
K12 +000(右幅)	67	3.5	6.7

由表6-23数据对比可知，橡胶沥青混合料渗水系数满足质量评定指标要求，表明橡胶沥青混合料密实，水分难以进入，抗水损害性能好。

5. 平整度检测评定分析

橡胶沥青混合料试验段平整度数据见表6-24。

橡胶沥青混合料试验段平整度数据表(mm)　　表6-24

橡胶沥青路面段落	平整度	平均值	橡胶沥青路面段落	平整度	平均值
K10+100~K10+200左幅	1.23	1.03	K11+000~K11+100右幅	1.15	1.10
K10+200~K10+300左幅	1.09		K11+100~K11+200右幅	1.52	
K10+300~K10+400左幅	1.05		K11+200~K11+300右幅	1.1	
K10+400~K10+500左幅	0.84		K11+300~K11+400右幅	1.02	
K10+500~K10+600左幅	1.03		K11+400~K11+500右幅	1.04	
K10+600~K10+700左幅	1.03		K11+500~K11+600右幅	1.04	
K10+700~K10+800左幅	0.88		K11+600~K11+700右幅	1.13	
K10+800~K10+900左幅	1.15		K11+700~K11+800右幅	1.13	
K10+900~K11+000左幅	1.02		K11+800~K11+900右幅	1.04	
K11+000~K11+100左幅	1.02		K11+900~K12+100右幅	0.86	

我国公路工程质量检验评定标准(F.10.JTG F80-1—2004第一册土建工程)规定,连续式平整度仪平整度要求值不大于1.2mm。由表6-24数据可知,橡胶沥青混合料试验段平整度都满足规范要求。

四、橡胶沥青路面与SBS改性沥青路面路用性能对比

由表6-25可知,在路用性能上,橡胶沥青路面由渗水试验可知无渗水,明显优于SBS改性沥青;在路面构造深度上两者相差不大;摩擦系数橡胶沥青混合料比普通SBS改性沥青提高了18%;在冻融劈裂上,两者相差不大;而在表现混合料的热稳定性的车辙试验上,橡胶沥青的动稳定度为6 700次/mm,比SBS改性沥青提高了51%,可见橡胶沥青在高温稳定性上有了明显的提高;而由于沥青中添加了橡胶粉,使混合料的弹性增加,因此橡胶沥青混合料的弯沉比SBS改性沥青高约1.65。

橡胶沥青混合料与SBS改性沥青路面性能对比表　　表6-25

混合料类型	沥　青	渗水系数(mL/min)	构造深度(cm)	路面摩擦系数(%)	冻融劈裂抗拉强度比(%)	车辙(次/mm)	代表弯沉(mm)
SMA-13	橡胶沥青	无渗水	0.9	66	88.0	6 700	11.72
AC-13	SBS改性沥青	64.6	0.8	56	84.0	4 431	10.07

第三节　不同级配下橡胶沥青混合料指标对比分析

由表6-26、表6-27 可知，沥青玛蹄脂碎（SMA）因为油石比比 AC 密级配低0.1%，所以造成孔隙率比 AC 级配小，且橡胶沥青的生产中由于加入了橡胶粉，在生产过程中不可能完全融化，在与集料拌和过程中，有很少一部分橡胶粉熔融出来，可以当作细集料填补空隙，所以导致 SMA 的孔隙率小于 AC 级配；其余几项指标都符合规范规定，并且差异不是很大，这说明在基质沥青与橡胶沥青相比，橡胶沥青是一种性能稳定的优质沥青。

橡胶沥青混合料马歇尔试验数据对比表　　表6-26

混合料类型	沥青	油石比（%）	毛体积密度	最大理论相对密度	孔隙率（%）	矿料间隙率（%）	饱和率（%）	稳定度（kN）	流值（mm）	残留稳定度（%）
SMA-13	橡胶沥青	7.2	2.278	2.391	4.7	18.6	74.6	7.32	2.45	86.2
ARAC-13		7.3	2.289	2.414	5.2	20.6	74.8	7.72	2.65	83.3

橡胶沥青混合料路用性能对比表　　表6-27

混合料类型	沥青	油石比（%）	试验项目					
			冻融劈裂试验	车辙试验		低温弯曲小梁试验		
			冻融劈裂抗拉强度比（%）	车辙试验动稳定度（次/mm）	变异系数	弯拉强度（MPa）	弯拉应变	弯曲劲度模量（MPa）
SMA-13	橡胶沥青	7.2	77.0	6 000	4.59	10.09	3 378	3 059
ARAC-13		7.3	83.9	6 488	7.83	8.58	2 881	2 980

在高温稳定性方面，AC 级配的动稳定度为 6 488 次/mm，SMA 的为 6 000 次/mm，虽然 SMA 级配的粗集料多，骨架结构稳定，有利于抗车辙，但是由于 AC 级配使用了橡胶沥青，其密实性与橡胶沥青的高黏性有机结合更有利于对车辙的抵抗，有利于提高混合料的动稳定度。

在冻融劈裂试验中，AC 级配的抗拉强度比为 83.9%，SMA 的抗拉强度比为77.0%，AC 级配比 SMA 高 6.9%。所以在水稳定性上 AC 依然表现出了它的优点，集料密实，抵抗了水分的进入，并且在结冰时由于大的孔隙率给冰块预留了空间，不至于去挤压集料，使其变形，所以在冻融劈裂抗拉强度上，也优于 SMA。

为了分析橡胶沥青混合料的低温抗裂性,采用0℃的劈裂强度和劈裂模量及-10℃的小梁劲度模量,经处理后的SMA弯拉强度为10.09MPa,弯拉应变为3 378,劲度模量为3 059MPa;AC的这三个值分别为8.58MPa、2 881、2 980MPa。SMA均比AC级配高,说明在0℃时AC级配的柔性比SMA要好,具有较好的低温抗裂性。

第四节　本章小结

(1)通过路用性能对比可知,普通SBS改性沥青路面构造深度为0.57mm,相对橡胶沥青路面降低了约40%;橡胶沥青路面轮迹带抗滑值平均为54,对应停车带为72,路面抗滑性能衰减25%。

(2)充当改性材料的橡胶沥青在混合料性能和路用性能检测中,明显优于SBS改性沥青,尤其在表征高温稳定性的车辙试验中,比SBS改性沥青提高了51%,达到了6 700次/mm。

(3)在两种橡胶沥青混合料的对比中,马歇尔试验结果相差不大,但是在路用性能上,AC级配在冻融劈裂、车辙、低温弯曲小梁试验上,总体优于SMA级配。

第七章　寒冷地区高速公路路用橡胶改性沥青现场制备及工艺

第一节　工程示范概况

新疆 $G30_{12}$阿克苏—喀什高速公路，位于新疆维吾尔自治区塔里木盆地边缘北部的阿克苏、阿图什、喀什三个南疆公路干线的重要节点（图 7-1），是中国通往中亚欧洲的又一重要通道，在国家高速公路网中占据重要地位。该项目是国家高速公路规划网中，连云港至霍尔果斯、吐鲁番至和田及伊尔克斯坦联络线的一段，也是亚洲公路网和新疆干线公路的重要组成部分。阿喀高速公路第三合同段起点桩号 K1302 +500，位于伽师县西克尔镇伽师总场路口东侧 400m 处，对应现有 G314 国道 K1304 +800，与第二合同段顺接，路线自东向西沿 G314 国道与南疆铁路之间

图 7-1　项目所在位置

的走廊带布线，经西克尔镇、大山口、八盘水磨、伽师路口（格达良乡）、农三师红旗农场、巴羌、阿图什市、塔库提等，到喀什市库曲湾收费站以南700m处，终点桩号K1453+982.258。

该试验段所在区域气候条件为温暖温带大陆性干旱气候，四季分明，降水稀少，蒸发量大，无霜期长，气候干燥，昼夜温差大。春季升温快，多风沙；夏季炎热，蒸发强；秋季秋高气爽；冬季寒冷多晴天。本试验段属于绿洲—荒漠区，沿线市县气候见表7-1。

沿线气候要素　　表7-1

序号	项目	单位	伽师县	阿图什市	喀什市
1	年平均气温	℃	11.6	12.9	11.7
2	年极端最高气温	℃	—	41.2	40.1
3	年极端最低气温	℃	—	-24	-24.4
4	年平均降雨量	mm	61.5	78	62.7
5	年平均蒸发量	mm	2 134.1	3 218.2	2 633
6	年平均降雪量	mm	—	17	12
7	最大积雪深度	m	—	0.43	0.46
8	最大冻结深度	m	—	0.68	1.1
9	年平均日照时数	h	—	2 745.2	2 822
10	平均风速	m/s	1.3	2.1	2
11	主要风向	—	偏东北风	西北风	西北风

本项目位于新疆南疆地区，在我国沥青路面气候分区中属于温区，在新疆三级气候区划中属于绿洲—荒漠区。

第二节　橡胶沥青现场生产方案

一、橡胶沥青原材料的选择

1.基质沥青

橡胶沥青是由基质沥青掺加一定量的橡胶粉拌制而成的，与其他改性沥青相同，基质沥青的性质对橡胶沥青的性能影响很大。基质沥青的选择在一定程度上受当地气候条件的影响。

按照国内规范要求，严寒地区采用90号沥青，南方夏热地区采用70号沥青。由于是基于我国北方地区进行，故所使用的沥青为具有代表性的克拉玛依90号石油沥青，其性能满足我国现有规范对普通沥青的基本要求，规范要求以及检测结果见表7-2。

沥青基本性能指标检测结果(90号A级石油沥青)　　表7-2

试验项目		单位	试验结果	技术指标
针入度(100g,25℃,5s)		0.1mm	88	80~100
软化点		℃	47.5	≥45
15℃延度		cm	>100	≥100
相对密度		g/cm^3	0.982	实测记录
针入度指数PI		—	-0.28	-1.5~+1.0
60℃动力黏度		Pa·s	243	≥160
10℃延度		cm	>100	≥45
含蜡量(蒸馏法)		%	1.9	≤2.2
闪点		℃	280	≥245
溶解度		%	99.9	≥99.5
TFOT后	质量变化	%	0.299	±0.8
	残留针入度比	%	80.9	≥57
	残留延度10℃	%	49	≥8

2. 橡胶粉

选择路用橡胶粉时应注意以下几点：

(1)路用废胎胶粉应选用常温研磨粉碎的轮胎胶粉，且宜选择斜交胎粉或者天然胶含量较高的胶粉，并应满足相应物理、化学指标要求。

(2)在保证易于碾压成型，且满足使用性能要求的前提下，应尽量选用较粗的橡胶粉，无论是干拌工艺还是湿拌工艺，宜选择20~80目的路用废胎胶粉。

(3)最大粒径小于2mm的级配废胎胶粉也可以使用，同时也应满足相应的物理、化学指标要求。

阿喀高速公路项目选用新疆乌鲁木齐米东区永振橡胶粉厂生产的40目橡胶粉，橡胶粉技术指标见表7-3。

40 目橡胶粉材料基本性能检测 表 7-3

筛分试验结果	筛孔尺寸(mm)	2.36	1.18	0.6	0.3	0.075
	通过百分率(%)	100	100	51.09	18.3	1.24
物理、化学分析试验结果	检测项目	纤维含量(%)	金属含量(%)	碳酸钙(%)		相对密度(g/cm^3)
	试验值	0.07	0.00	3.3		1.17
	规定值	≤0.5	≤0.1	≤4		1.15 ±0.05

3. 界面剂

废旧橡胶粉和沥青都是惰性物,为促进两者之间的反应,常在橡胶沥青中加入一定比例的外掺剂,以增强废旧橡胶粉与沥青的反应,使废旧橡胶粉充分、均匀地分散在沥青中。界面剂是外掺剂的一种,属于高分子聚合物。该外掺剂为白色透明球状与絮状混合体,按一定的比例加入到高温基质沥青中,一方面可以减少发育时间,提高生产效率,满足拌和楼的生产要求;另一方面可以有效降低橡胶沥青的黏度,不易使管道堵塞或者损坏橡胶沥青生产设备;同时可以降低油石比,节约建设成本(图 7-2)。

图 7-2　阿喀高速公路项目现场生产橡胶沥青所使用的外掺剂

二、搅拌温度

搅拌温度是影响废旧轮胎橡胶粉和沥青反应效果的重要参数。在橡胶沥青加工过程中,搅拌温度直接影响到最终生产的橡胶沥青性能。一般来说,沥青的温度越高,其黏度越小,废旧轮胎橡胶粉越易分散和溶胀,沥青中的轻质油分减少,橡胶沥青的黏度升高;但是搅拌温度越高,沥青老化越严重,同时在高温条件下,废旧轮胎橡胶粉的脱硫反应越严重,使得橡胶沥青的黏度降低。大量研究表明,搅拌温度并不是越高越好,也不是越低越好,而是存在一个合理的温度范围。根据试验研究表明,橡胶沥青的合理搅拌温度宜控制在 175 ~ 185℃。

三、搅拌时间

国内外研究资料表明,搅拌时间对橡胶沥青的各项指标影响很大,并且性能指标并不是随着时间的变化呈现简单的线性变化,而是时有增大时有减小,有所反复。随着搅拌时间的增加,橡胶沥青的延度不断增加,而黏度则均呈现先增加后减小的变化趋势。究其原因:橡胶粉与沥青接触后随即发生溶胀。反应时间过短,胶粉溶胀过少,致使橡胶改性沥青只是成为橡胶粉与沥青的简单混合物;反应时间过长,胶粉反应过度,不仅使得橡胶沥青丧失特有的物理、力学性质,而且影响生产效率,增加燃油成本。通过总结国内外先进经验,确定搅拌最佳时间为 45 ~ 60min。

四、橡胶粉掺量

一般来说,废胎胶粉的掺量越大,相应的路用性能越好,会使橡胶沥青的黏度增大,施工和易性下降。如果黏度过大,橡胶沥青设备管道容易堵塞,这样会影响施工进度,增加施工成本。因此废胎胶粉的掺量有一定的合理范围,一般为基质沥青的 15% ~25%。

美国材料与试验协会(ASTM)规定,橡胶沥青中废胎胶粉掺量不少于 15%(内掺),相当于外掺的 17.6%。以往的研究结果表明橡胶粉的掺量对混合料低温性能有很大的影响。具体见表 7-4。

橡胶粉的掺量对混合料低温性能的影响 表 7-4

橡胶粉的掺量	破坏应力(MPa)	破坏应变	破坏劲度(MPa)
0	20.43	2.95×10^{-3}	7 061
10	21.70	3.16×10^{-3}	6 933
20	23.73	5.21×10^{-3}	4 655
30	19.09	1.12×10^{-2}	1 873

从表 7-4 中可以看出,橡胶粉的掺量对拌制的橡胶沥青混合料低温性能影响很大。美国各州要求橡胶粉的掺量为 17% ~20%(相当于外掺的 20.5% ~25%)。在南非,废胎胶粉剂量根据使用环境不同,掺量为 5% ~25%;对于拌制沥青混合料使用的橡胶沥青,废胎胶粉掺量在 25% 左右。我国交通运输部行业标准规定橡胶沥青中

废旧橡胶粉的掺量一般为基质沥青质量的17.6%～30%。

由于废胎胶粉和基质沥青的品质不同，为了达到某种路用性能，废胎胶粉的掺量也是不一样的，有时会有较大的差异，因此在实际工程中，应根据技术要求，通过比较详细的室内试验，确定废胎胶粉的掺量。本节依据前期的试验结论确定橡胶沥青的生产配合比：橡胶粉∶界面剂∶基质沥青＝18%∶2%∶80%。其技术指标见表7-5。

现场生产橡胶沥青技术指标　　表7-5

试验项目	单位	试验数值	技术要求	试验方法
针入度(25℃,100g,5s)	0.1mm	65	60～100	T0604—2011
延度(5℃)	cm	18	>10	T0605—2011
软化点 TR&B	℃	62	>50	T0606—2011
弹性恢复	%	64	>50	T0662—2011
180℃旋转黏度	Pa·s	1.8	1.5～3.5	T0625—2011

第三节　橡胶沥青现场生产工艺

首先，基质沥青必须加热到155℃（最理想为160～165℃，不超过175℃），并由橡胶沥青生产设备的基质沥青泵抽取。基质沥青在橡胶沥青生产设备的瞬间升温系统再进行二次升温到不超过190℃，经沥青计量系统后进入高速剪切罐；计量系统反馈信号给控制系统，精准控制经胶粉斗胶粉的添加量。胶粉的添加重量通过胶粉斗计量系统精准控制完成（图7-3）。一般设定为18%（内掺比例）和2%的界面稳定剂。基质沥青和适量胶粉及界面剂在高速剪切罐中经剪切后进入胶体磨，经胶体磨均匀充分剪切磨合后，进入带卧式螺旋搅拌和加热升温的储存发育罐中

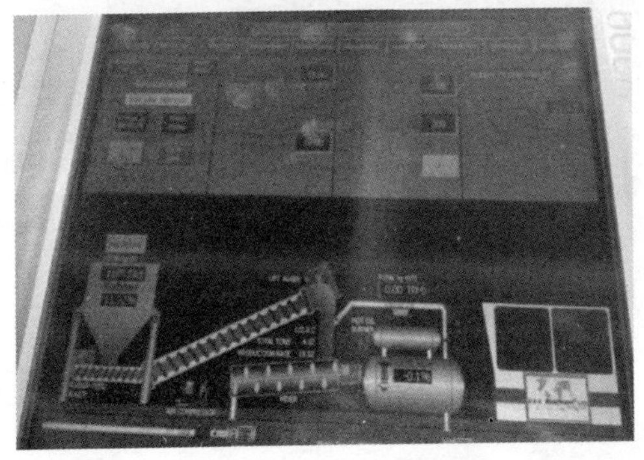

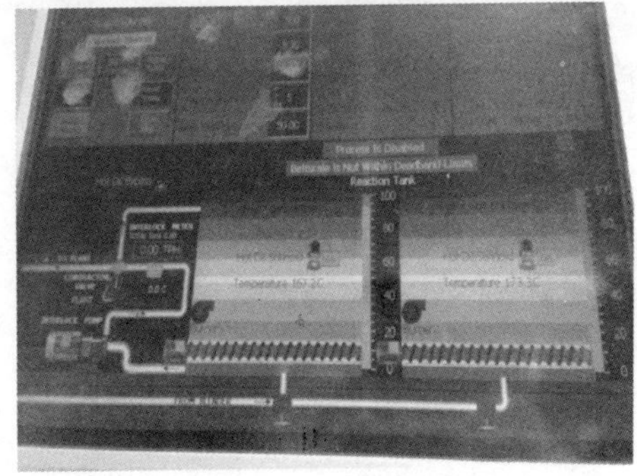

图7-3　橡胶沥青生产设备可控界面

发育。发育时间一般为45～60min，温度达到180℃(一般控制在175～185℃)。随后橡胶沥青生产完成可供拌和站拌和使用。

第四节　橡胶沥青现场生产指标测试

在我国，针入度用以划分沥青的标号，衡量沥青在不同温度下的软硬程度。针入度除作为沥青分级的依据外，还可以用不同温度下的针入度或将针入度与沥青的软化点、黏度进行关联表征沥青的感温性(图7-4)。

图7-4　针入度指标测试

软化点是沥青从黏塑状态转变为黏流状态的临界温度，它实质上反映沥青的黏度，与沥青的标号有关，是一种条件黏度，即在等黏条件下以温度表示的一种黏度。软化点的高低常用于评价沥青的温度敏感性，一般认为，软化点高，则其等黏温度也高，温度稳定性好(图7-5)。

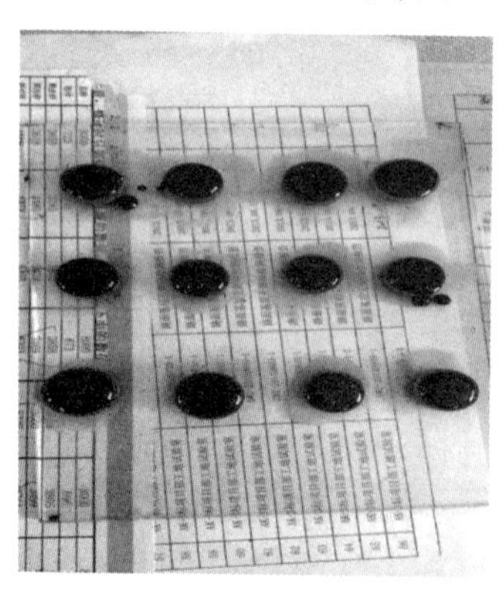

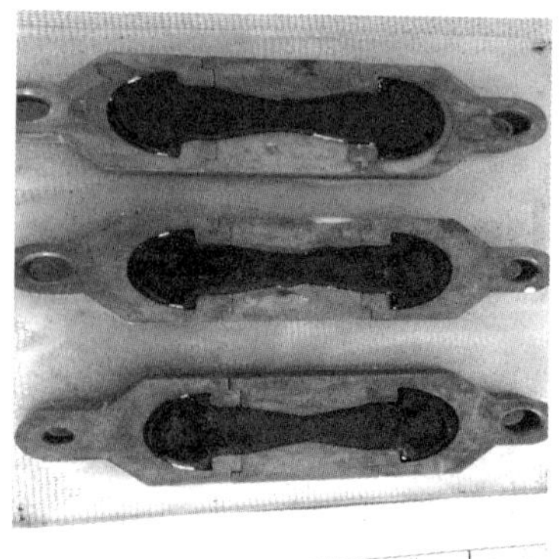

图7-5　软化点及延度

延度是剪切面上剪应力大于沥青内聚力时的断裂长度，它随温度不同而变化，不同的沥青其变化规律是不一样的，它反映了沥青的黏弹性质。延度反映沥青的条件延性。沥青的延性是当其受到外力的拉伸作用时所能承受的塑性变形的总能力。延度越大，沥青的柔韧性越好。如在低温下延度越大，沥青的抗裂性越好。沥青的延度与其黏度、组分密切相关。一般来说，延度大的沥青含蜡量低，黏结性和耐久性好；反之，含蜡量大，延度小，黏结性和耐久性也差。因此，延度是表征沥青性能的重要指标。我国现行公路沥青路面施工技术规范对重交通道路沥青技术要求规定用5℃延度评价沥青的低温抗裂性能。

黏度是评价橡胶沥青性能最基本也是最核心的指标。它既是控制施工过程中的和易性指标，又是表明橡胶沥青品质优劣的指标。如果黏度过低，橡胶沥青的高温稳定性、水稳定性能较差。反过来，黏度过高，施工的和易性就不能得到保证，从而给施工带来不便。

弹性恢复是指将施加在物体上的外力卸去后，该物体恢复变形的能力。弹性恢复试验可以反映沥青弹性性能的好坏，弹性恢复率越大，则沥青的弹性越好。使用弹性恢复性能好的沥青铺设的路面能在荷载通过后迅速恢复，留下很小的残余变形，即具有良好的自愈性。弹性恢复试验用于评价改性沥青在25℃时的弹性恢复性能，试验结果在一定程度上可以反映沥青结合料在常温下的应力松弛能力（图7-6）。

图7-6　弹性恢复指标测试

现将检测结果汇总如表7-6所示。

橡胶沥青检测结果　　表7-6

时　　间	针入度（0.1mm）	软化点（℃）	延度（cm）	弹性恢复（%）	180℃旋转黏度（Pa·s）
2014.6.9	59.2	62.8	18.0	64	1.9
2014.6.13	64.0	55.9	14.0	60	1.8
2014.6.19	60.5	59.0	14.0	63	2.1
2014.6.20	63.2	61.5	16.2	62	1.9
2014.6.21	61.3	61.2	14.9	61	1.8
2014.6.28	64.2	61.3	17.4	65	1.9
2014.6.29	60.1	61.0	15.3	63	2.1
2014.6.30	61.5	60.1	17.2	64	1.8
2014.7.1	65.2	59.8	16.3	67	1.6

第五节　本章小结

本章通过对我国北方地区高速公路路用橡胶改性沥青现场制备及工艺分析得出如下结论：

（1）结合工程现场试验及现场施工，编制出我国北方地区橡胶沥青生产方案。

（2）借助示范工程调整验证了我国北方地区橡胶沥青生产工艺流程。

（3）借助我国寒冷地区高速公路项目依托工程项目现场指标检测，验证了橡胶沥青生产工艺流程具有实施性与指导性。

第八章　掺加废旧轮胎橡胶材料的沥青路面施工工艺

第一节　废旧胶粉改性沥青混合料搅拌工艺

用于拌和沥青混合料的机械设备称作沥青混凝土搅拌设备。搅拌设备完成的基本工作:冷矿料初步配料、加热烘干、重新筛分与计量;液态沥青加热、保温、输送与计量;填料(矿粉)进行输送与计量;按照一定的配合比将计量好的热矿料、矿粉与热沥青均匀地拌和成所需要的沥青混合料。

沥青混凝土拌和站分类:

按生产工艺划分为间歇式和连续式:间歇式拌和设备的工艺特征是各种成分的料分批计量好后投入拌和器进行拌和,一批拌和好的成品料从拌和器卸出,接着进行下一批料的拌和,形成周而复始的循环作业过程;连续式拌和工艺中,各种原材料连续进入搅拌装置(如拌和筒)中拌和,拌好的成品料也源源不断从搅拌装置中卸出。在结构上,这种设备的骨料烘干和拌和在同一个滚筒中进行。

按设备的额定生产率划分:小型设备,额定生产率小于60t/h;中型设备,额定生产率在70~140t/h;大型设备,额定生产率大于150t/h。

按设备的安装方式不同可划分:固定式、半固定式和移动式。

本项目采用间歇式大型固定式拌和站。

一、间歇式沥青混合料拌和设备的构造

冷矿料的烘干、加热及与热沥青、矿粉的拌和,是先后在不同装置中进行的。初步级配后的各种冷砂、石料,在干燥滚筒内烘干、加热后,经过二次筛分、储存,每种矿料分别累计计量后,与单独计量的矿粉和单独计量的热沥青,按照预先设定的程序和配合比,分批投入到拌和器内进行强制拌和,成品料分批卸出。

间歇式沥青搅拌设备由沥青供给系统、粉料仓、冷料供给系统、干燥滚筒、控制室、粉料提升机、热骨料提升机、风机、烟囱、搅拌楼等系统组成。

1. 干燥滚筒

干燥滚筒也称为骨料加热滚筒，如图 8-1 所示，由加料箱、排烟筒、滚筒筒体、筒箍、传动齿圈、机架、驱动装置、冷却罩、卸料箱、火箱、点头喷火、燃烧传感器、燃烧器、燃油调节器、燃油管、鼓风机等组成。冷骨料从加料箱进入加热滚筒，燃烧器进行工作，火苗和料的前进方向相反，这样可以做到将冷骨料充分加热。

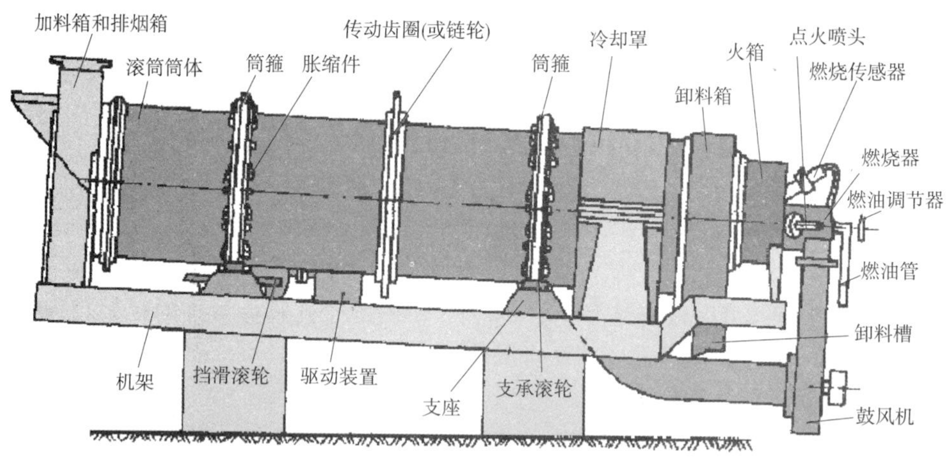

图 8-1　干燥滚筒

2. 拌和楼

拌和楼是将沥青、粉料、骨料按照级配进行称量并搅拌生成成品沥青混凝土的搅拌场所。它由振动筛、热骨料溜斗、热骨料提升机、热骨料储仓、骨料称量装置、石粉称量装置、沥青称量装置、搅拌器等组成，如图 8-2 所示。

图 8-2　阿喀高速三标五工区拌和楼

二、搅拌站标定与调试的意义

沥青混合料的路用性能好坏与沥青混凝土拌和设备的生产质量息息相关。由于料厂及施工单位对冷骨料的管理不够规范,混料现象严重,造成材料变异性大,所以生产出的沥青混合料与目标配合比的性能相差甚远。为了保证生产出的混合料和各挡料的使用比例接近目标配合比,保证路用性能,不仅依靠良好的拌和设备,还依赖对拌和设备的调试和标定。很多单位经常忽视对冷料仓的标定,从而在生产过程中会出现待料、溢料、热料仓配料波动大等现象。对于这些问题可以通过标定拌和设备冷料仓,得出集料的流量曲线,确定出流量,皮带转速以及冷料仓料门高度之间的关系,并且使之稳定。这样就可以通过控制冷料仓的级配,使生产配合比和目标配合比更加接近,提高沥青拌和站配料的精度,从而保证了混合料的搅拌质量。

三、搅拌站的标定

设备能否稳定运行,混合料质量能否得到保证,设备的标定是前提。如果标定方法不正确或者不对设备进行标定,那么沥青混合料的质量以及稳定性就得不到保证和有效控制,因为标定是容积计量和重量计量转换的桥梁及连接目标配合比和生产配合比的纽带,所以国外一直都极为重视设备的标定。由于沥青混合料对级配的要求比较高,所以沥青拌和设备一般都会配备有 5 ~6 个冷料供给仓,并且由一个皮带机将所有的冷料运送至搅拌滚筒。由于冷料的计量是按照容积进行计量的,每种规格的冷料容积率不同,即使料门的开启度和电机转速相同,供料速率也不会一样,所以在设备的运行过程中会出现溢料、待料和热料仓配料波动大等运行不稳定、给料误差大的现象。但是通过对冷料仓的供料情况进行标定,使得每个规格的冷料供给都接近目标配合比,提高冷料供给的准确度。以前很多施工单位不重视甚至不进行这项工作,导致混合料生产过程及其不稳定,究其原因就是生产配合比和目标配合比较之太远。所以针对每台设备的结构和计量特点进行精确标定是十分必要的,《公路沥青路面施工技术规范》(JTG F40—2004)也明确规定,沥青混合料搅拌设备的冷料供给装置必须经过标定得出其供料曲线。可以通过供料曲线以及目标配合比,再结合设备的生产能力得出每个冷料仓的电机转速,确定出各个冷料仓料门高度。通过这些工作使得生产配合比和目标配合比十分接近,并且整个拌和过程会非常流畅稳定,混合料变异性相应减小,不但保证了混合料的拌和质量,也提高了设备的工作效率。

四、振动筛及其参数的选择

振动筛是将经过烘干筒并除尘后的骨料进行筛分的仪器,振动筛及其参数的选择决定了筛分后的骨料的质量,振动筛本身的质量决定了筛分后石料的筛分质量,所以振动筛的选择对于沥青混合料的质量控制及其整个施工质量控制至关重要。对于振动筛的筛网要网孔大小一致,网丝结实耐用,整个筛网有足够的刚度和足够的承载能力。除了筛网质量要求外,对于振动筛还要选择合适的安装参数以及激振参数。

1. 振动筛安装倾角 α

圆振动筛的筛面倾角一般在 15°~25°;直线振动筛的筛面倾角在 0°~8°。

2. 振动方向 δ

圆振动筛的筛面倾角一般是 90°;直线振动筛的筛面倾角在 30°~60°,通常采用 45°。

3. 振幅 A 及频率 ω

选择低幅高频,能够使混合料筛分彻底。

本项目采用圆振动筛,安装倾角为 20°,振动方向 90°。

五、振动电机的选取与激振力的调整

1. 振动电机的选择

振动电机的转速要接近于工作频率,最大的激振力必须在所选的电机合成激振力的范围内,然后根据工作频率和最大激振力选择振动电机的功率。

2. 激振力的调整

偏心块高速旋转产生的离心惯性力就是振动电机的激振力。要改变激振力的振幅调节激振力,只需改变偏心距即可。通过调整激振力的大小,从而提高生产率,延长振动电机的使用寿命。

六、配筛技术方法

1. 配筛要求

(1)橡胶沥青混凝土是根据 AC-16C 制定的级配,筛子的最大孔径为 19mm。

(2)为了减少溢料,提高设备的工作效率,各热料仓分配应尽量均衡。

(3)所配筛子能够较容易控制级配线右段,当有些材料发生变化时,易于操作。应精心设计最小的筛孔尺寸和次小筛孔尺寸。

2. 孔径最大筛板的孔径尺寸确定

一般来说,孔径最小筛板的尺寸应为2.0mm或2.5mm(对中、下面层也可放宽至3.0mm),同时,次小筛孔尺寸不宜大于7mm,而应为6.0mm或5.0mm。采用“假定筛板尺寸模拟验算法”设计出筛孔初步尺寸,消除其倾角的影响,然后按换算后的筛孔尺寸,再模拟室内筛分试验,运用内插法计算换算后的筛孔通过率及筛余量,来判断这一层或两层筛孔假定尺寸的合理性。筛孔尺寸见表8-1。

筛孔尺寸 表8-1

规范要求筛孔通过率100%对应的最小筛孔尺寸(mm)	9.5	13.2	16	19	26.5	31.5	37.5
最大振动筛筛孔尺寸(mm)	11	15	19	22	30	35	41

$$S_{max} = \left(\frac{X}{\cos\alpha}\right) + 1 \tag{8-1}$$

式中:S_{max}——最大筛板孔径尺寸;

X——规范要求筛孔通过率在100%对应的最小标准方孔筛尺寸;

α——筛板安装倾角。

$$Y = S_i \times \cos\alpha \tag{8-2}$$

式中:Y——换算后筛板设计尺寸;

S_i——筛板初步设计尺寸;

α——筛板安装倾角。

七、冷料的控制

1. 原材料质量控制

沥青各项指标如针入度、延度、软化点等须符合《公路沥青路面施工技术规范》(JTG F40—2004)要求,方准许卸油入罐。沥青储存时,不同来源及标号的沥青要分开存放,不得混杂。各级碎石在外观上应洁净、干燥、无风化、无杂质,有良好的颗粒形状,级配组成要符合规范要求。

2. 冷料仓级配控制

(1)冷料仓各仓电机转速确定。

(2)在生产中的调整。

3. 冷料控制相关参数的确定

(1)各冷料仓小皮带的转速测定。

(2)开启并固定各冷料仓门,测量冷料仓集料料流断面面积 A_i。

(3)测量计算各种集料的松方容重 R_i。单位时间各集料流量:

$$Q_i = L_i \times A_i \times R_i \tag{8-3}$$

(4)对应生产中实际使用的目标配合比,通过集料分速度-流量曲线,反算得到满足目标配合比的冷料仓集料分速度(0~100%)。

八、热料的控制

1. 热料仓级配控制

当沥青混合料由4种骨料构成时要防止跳料,即当某一种骨料实测值大于下一种骨料设定值时,下一种骨料将跳过不称,这样就造成合成级配不准。要控制好热料仓合成级配,避免出现此现象。

2. 温度的控制

橡胶沥青加热温度控制在170~180℃,矿料加热温度比沥青温度高10~20℃,混合料出厂温度180~190℃。

(1)沥青加热是靠导热油循环加热的,导热油温度不能超过180℃。

(2)生产开始阶段,骨料温度要高些,这样可避免出现花白料。

(3)在实际生产中,早、晚用骨料温度上限,中午前后用骨料温度下限。

(4)操作员应及时调整燃烧器火焰或冷料料量,使温度保持正常。

3. 二次筛分筛网分级控制

二次筛分筛网的孔径和分级选择,也是一个易被忽视的环节。为了控制好沥青混合料的矿料成分和比例,筛孔、仓位的分级应该是分得越多越好,分级过于简单、档次太少,很难起到应有的控制作用。

九、其他控制

1. 沥青用量的控制

在生产中,要提高沥青电子称的称量精度,比如用27C电子称,称量精度可控制在0.1kg内。另外应注意控制矿料、矿粉的称量精度,只有这两者都控制好才能控制好沥青用量。

2. 填料的控制

填料掺配的准确与否,直接关系到沥青混合料中的游离沥青。

十、拌和中温度的确定

1. 原材料加热温度

在沥青混合料拌和过程中,温度的升高会加剧橡胶颗粒与沥青之间的反应强度,橡胶颗粒表面被炭化的程度越深,越能提高两者之间的黏结性能。所以原材料的加热温度是拌和出合格混合料的基础,确定原材料的加热温度至关重要。

2. 拌和温度

拌和温度是影响橡胶沥青混合料拌和效果的关键因素之一。温度太低,拌和耗能增加,而且橡胶沥青与集料间的接触不充分;温度太高,会使沥青老化,影响橡胶沥青及石料间的黏结,进而影响混合料的压实性能和耐久性。因此,在不影响沥青性能的情况下,拌和的温度应适当提高,以保证沥青与橡胶颗粒间的充分作用,使橡胶颗粒表面充分炭化,最大限度地增强其与沥青的黏结性能,从而保证良好的拌和效果。

本项目拌和温度和施工温度参照表8-2进行,进行室内配合比设计时的拌和、击实温度应与拌和厂拌和温度、现场碾压温度一致。

拌和温度　　表8-2

项　目	温度控制	项　目	温度控制
橡胶沥青加热温度(℃)	170～180	混合料出厂温度(℃)	170～185
集料加热温度(℃)	185～195	混合料最高温度(℃)	190
混合料拌和温度(℃)	180～190		

十一、拌和时间的确定

对于橡胶沥青混合料的拌和质量而言,拌和时间是非常关键的一个因素,因为拌和时间决定了橡胶沥青混合料的均匀性、橡胶沥青的裹覆程度、有无花料、橡胶颗粒与沥青的反应程度。所以确定合适的搅拌时间是橡胶沥青混合料拌和工艺至关重要的一环。拌和时间太短,橡胶沥青、石料的混合不均匀;拌和时间过长,沥青老化,影响沥青混合料性能。

试验结果显示,随着拌和时间延长,混合料的拌和更加均匀,混合料的孔隙率减少,试件回弹率降低,当拌和时间为50～60s时,混合料孔隙率降低到最小值,试件回弹模量也最小,当时间延长混合料孔隙率呈现增大趋势,回弹率也急剧增加。

由此可见,对于橡胶沥青混合料,存在最佳拌和时间,在此时间下拌和最均匀,成型后混合料路用性能也最佳。综合分析上述研究成果,确定加入沥青和矿粉后的拌和时间为50s。

第二节 橡胶沥青路面摊铺与压实工艺

一、摊铺机工作原理

载货汽车将混合料倒入摊铺机的收料斗中,刮板输送器和螺旋分料器将混合料送至熨平板料室,调平熨平工作装置后,熨平板将混合料预压实并形成均匀的送铺层,压路机再进行进一步碾压。摊铺过程中,很多因素都会影响路面的摊铺质量,但是熨平板的受力状态在整个摊铺过程中起着决定性的作用。摊铺机左右两侧的牵引臂通过找平油缸将熨平工作装置与主机铰接,牵引机后端与熨平板通过两个油缸相连。正常摊铺作业时,后端油缸处于浮动状态,熨平装置仅靠牵引臂上的拖点和主机相连,这时的熨平装置处于受力平衡状态。在稳定的摊铺作业下,将摊铺机的大臂和熨平板视为一个受力单元,受力状态如图8-3所示。

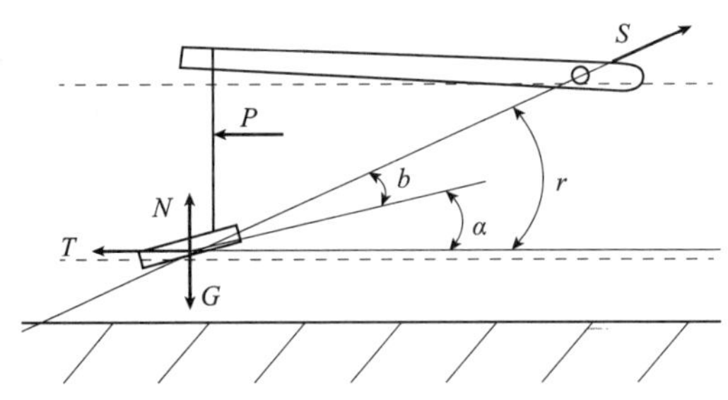

图8-3 摊铺机的大臂和熨平板

*S*为作用于牵引点的牵引力;*P*为熨平板前部的混合料作用于推移阻力;*G*为熨平板和大臂的重力;*N*为作用于熨平板底部的与熨平板垂直的法向支反力;*T*为熨平板与混合料的摩擦力;*α*为熨平板与推移阻力

二、摊铺基准选择

自动调平摊铺机(图8-4)的控制系统是根据检测到的偏差信号来进行调节的。如果检测到的偏差信号不正确,系统本身控制精度再高也达不到自动调平的目的。因此,要使熨平板稳定可靠地工作,必须有一个准确的基准。

图 8-4　现场摊铺机

1. 浮动平衡梁基准

沥青路面摊铺过程中调平基准有三种形式：一是挂线基准，属于固定基准，即采用在摊铺机两端挂线的方式，利用两个纵坡调平传感器控制铺层的横坡和纵坡度；二是采用一纵一横调平基准，即摊铺机采用一端挂线利用纵坡传感器控制纵坡，另一端采用横坡传感器控制横坡度；三是摊铺机两端采用平衡梁作为调平基准控制横坡和纵坡。在功能层施工中采用第三种方式作为路面调平基准。

2. 平衡梁基准的工作特性

1 个控制盒、2 组平衡梁和 4 个声纳传感器组成了摊铺机的一套非接触式平衡梁，摊铺机的调平油缸由调平系统采用微处理技术进行控制。根据超声波测距原理，利用四个声纳传感器，以一定的距离以地面为基准进行连续不断的测量，精度是 0.38mm。超声波发射周期为 5μs，发射频率为 200kHz 的，所对应的距离变化为 0.825mm。就像电路上的低通滤器，采集到的反映地面凹凸不平的信号将被传感器进行平均化处理，形成一个实用的稳定基准，这样就会降低下承层不平整度对摊铺层的影响，而且也消除了一些人为因素对摊铺层的影响，很好地改善了路面的平整度。摊铺的厚度是通过控制前端距离传感器与后端距离传感器与地面距离的差值决定的。根据其工作原理建立如下数学模型（图 8-5）。

平衡梁上的 n 个传感器正常工作时会定时发出超声波信号，超声波信号经过地面反射被传感器检测到，就可以得到与地面的距离，数据采集系统将这 n 个距离信号经过处理得出平均值，作为平衡梁的计算高度 d_1，见式（8-4）。

$$d_1 = \left(\frac{1}{\mathrm{n}}\right)(y_1 + y_2 + \cdots y_n) \tag{8-4a}$$

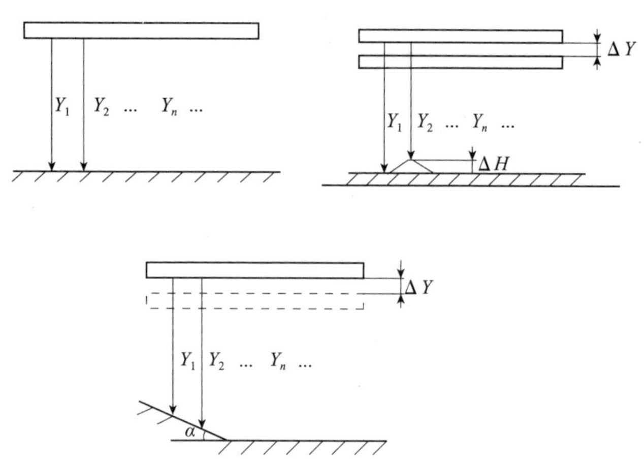

图 8-5 非接触式平衡梁

Y_1、Y_2、…、Y_n 表示每个传感器到地面的距离

地面出现不平整时或是发生偶然现象，地面有突起物 ΔH，如图 8-5 所示。此时平衡梁向上移动 Δy，其计算高度见式(8-5)：

$$d_2 = \left(\frac{1}{n}\right)(Y_1 + Y_2 + \cdots Y_n) \tag{8-4b}$$

$$Y_1 = y_1 + \Delta y \tag{8-5}$$

$$Y_2 = y_2 + \Delta y - \Delta H \tag{8-6}$$

$$Y_n = y_n + \Delta y \tag{8-7}$$

橡胶沥青路面的摊铺首先要保持铺层厚度的不变，平衡梁运用到此正是根据其工作原理，使得摊铺机在连续工作时能够保证摊铺层厚度不变，即 $d_1 = d_2$，因此将式(8-4)、式(8-5)、式(8-6)代入式(8-7)得式(8-8)。式(8-8)表明，平衡梁上的传感器个数对地面的高低起伏变化与平衡梁的影响有关，是反比关系，传感器越多影响越小。平衡梁在这里起到了过滤的效果，将路面突起物对铺层平整度的影响大大削弱，当然，传感器个数越多，滤波效果越好，所以再设计平衡梁时采样点都是比较多的，就是为了减少下面层对上面层的影响。

虽然平衡梁对提高路面摊铺平整度效果比较明显，但是在进行弯道摊铺时会带来一定的问题。设变坡摊铺时横坡按式(8-8)变化，则平衡梁的计算高度为式(8-8)~式(8-13)。将式(8-8)、式(8-9)、式(8-10)、式(8-11)代入式(8-12)得式(8-13)。

$$y = \tan x \tag{8-8}$$

$$d_3 = \left(\frac{1}{n}\right)(Y_1 + Y_2 + \cdots Y_n) \tag{8-9}$$

$$Y_1 = y_1 + \Delta y - \tan x \tag{8-10}$$

$$Y_2 = y_2 + \Delta y - \tan(x - x_0) \tag{8-11}$$

$$Y_n = y_n + \Delta y - \tan[x - (n-1)x_0] \tag{8-12}$$

式中：y——纵断面高程；

x——从变坡起点开始的摊铺距离；

x_0——平衡梁传感器间安装距离。

$$\Delta y = \tan\left[\frac{x - (n-1)x_0}{2}\right] \tag{8-13}$$

几点讨论：

(1)由式(8-13)表明采用平衡梁进行摊铺时，摊铺层与下面层具有相同的变化趋势，但是在距离上滞后$(n-1)/2$个传感器安装距离，当横坡度为零时(=0)，$\Delta y = 0$，摊铺一层均匀厚度的铺层；当横坡度不为零时(≠0)，存在较大的滞后。

(2)由式(8-13)表明当路面出现高低起伏变化时平衡梁削弱了其对铺层平整度的影响，具有低通滤波的效果，而且传感器安装越多效果越明显。

三、摊铺质量的控制

1.混合料离析的控制

在沥青路面施工中，混合料的离析是非常常见的，也是很难解决的，它对路面的使用寿命会产生很大的影响。混合料的离析一般分为温度离析、集料离析和压实离析。混合料内外温度不均造成了混合料的温度离析；集料级配不满足要求、拌和设备自身缺陷、卸料过程不当、运输过程以及摊铺机布料时都是产生集料离析的原因；摊铺机松铺密实度和压实过程不合理也会造成混合料离析。

(1)摊铺工艺：全路幅一次摊铺时，应该合理调整并控制摊铺机的性能参数，如摊铺行驶速度的匀速控制、螺旋布料器的转速控制(保证不了的均匀连续，不抛扬离析)、振捣器的振幅和频率调控(根据铺层厚度、混合料的配合比等)。当采用分幅多次摊铺时，采用多台摊铺机梯队作业的方式，并严格控制各台摊铺机的性能参数，处理好纵向接缝。

(2)正确操作受料斗翼板：正确操作受料斗翼板，受料斗严禁翻转过速和死料过多。摊铺机料斗内的余料一定要均匀，并且供料要连续均匀。摊铺机在工作中不可猛烈起步，供料速度严禁忽快忽慢以及摊铺机不可紧急制动，保持匀速。摊铺速度尽可能保持在 2 ~2.5m/min 的最佳速度。

(3)螺旋布料器加装反向叶片:加装反向叶片主要是指在螺旋支杆处一侧的叶片反向安装,这样有助于支杆处有充分的料,防止螺旋支杆处的纵向离析带(图 8-6)。

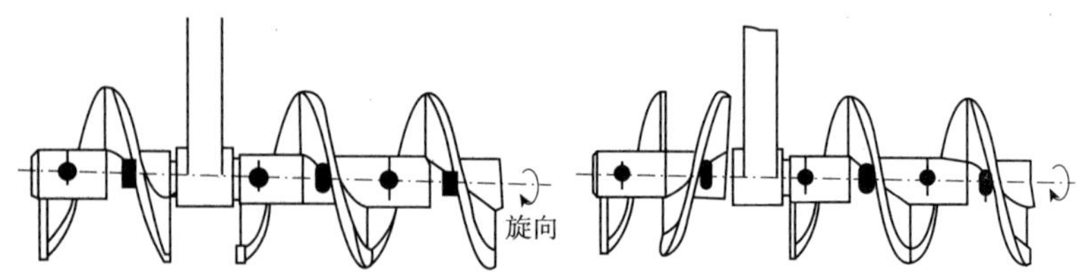

图 8-6　螺旋布料器加装反向叶片

(4)调节料位传感器,使螺旋布料器的转速均匀,使熨平板前料位一致。混合料在摊铺过程中应保持在螺旋布料器直径 2/3 的高度以上。为了提高螺旋布料器输送率,降低转速,最好采用具有低转速、大直径螺旋布料器的摊铺机。

2. 摊铺过程路面平整度的控制

(1)摊铺过程中应起步、停机平稳,保持匀速行驶:一方面摊铺过程中起步、停机不平稳或速度不连续匀速会导致熨平板受力平衡破坏,熨平板会出现上下浮动现象,导致路面平整度降低;另一方面,单位面积内的混合料振捣次数会发生变化,混合料的密实度进而也会不同,导致平整度得不到保证。

(2)摊铺机烫平板地面应平整:摊铺机熨平板底面磨损或严重变形,摊铺时容易导致面层裂纹、拉钩。

(3)合理调整找平基准:对于基准钢丝所产生的等距离波浪现象,采用专用的紧线器,使基准钢丝有足够的张力,这样,波浪现象会得到一定程度的缓解。不管施工段是否位于直线段,建议每 10m 打一个桩。

(4)自卸车与摊铺机合理配合:防止摊铺机被自卸车撞击,应及时清理撒落在摊铺机履带下面的混合料,在摊铺机前方 10 ~20cm,自卸车就应该停车并挂空挡。摊铺速度一般不超过 4m/min,甚至可放慢到 1 ~2m/min,以保证摊铺机匀速、连续工作,既能保证压实度,又能提高平整度。

(5)横向接缝处理:在每次摊铺前应对先铺层进行处理,将先铺层沿横向切垂直面并涂上沥青,加盖热沥青混合料 5min 后清除,然后摊铺并用小型机具按要求压实。

第三节　橡胶沥青路面碾压工艺

橡胶沥青因为其中加入橡胶粉，较之普通的沥青混凝土具有较大的弹性，这样就会增加压实难度，对压实的温度控制、压实工艺、压路机机型的选择以及参数的匹配要求就会很高，根据沥青混凝土路面的施工特点，在选择压实设备时，必须考虑下列因素。

(1)保证压实率，确保碾压温度内压实成型。

(2)面层的碾压厚度只有4cm左右，所以说要选择合适的压力值，保证良好的压实效果并不会破坏骨料。

(3)压路机上必须配置自动洒水设备。橡胶沥青本身粘轮就很严重，为了解决混合料粘轮现象，同时为了防止料温下降太快，要求洒水必须均匀。

(4)确保碾压质量(密实度、平整度、不透水性)达到施工规范要求。橡胶沥青路面只是在面层进行橡胶沥青混合料的摊铺，一般也就4cm左右，所以属于薄层摊铺。要求压实作业时能够尽量提高压实设备的工作效率，以便在很短的时间内能使路面达到要求的压实度，因为薄层路面的摊铺层太薄，散热太快，特别是在风力较大或温度较低的场合，混合料温度会降低更快，不利于路面的压实。薄层摊铺时，如若采用过度的振动压实方法，由于铺层太薄，振动能量会从下承层反射上来，反而会将铺层振松。但要是使用静压，路面的密实度往往又达不到规定的要求。铺层如果太薄，会承受较大的冲击力，表面的集料极易被压碎，对以粗集料为主的嵌锁型结构的混合料危害最大。混合料的级配特性会因为集料的破碎而遭到严重破坏。将为路面的松散、渗水、剥落和裂缝等病害的产生埋下隐患。

橡胶颗粒一个很明显的特性就是具有很高的弹性，因此橡胶沥青也会具备较强的弹性，这是橡胶沥青较之其他普通沥青具有的最大特点，同时也是因为这个特点，使之成为压实的难点。对于弹性较高的材料，要想压实它，必须使用合理的机型以及合适的参数(图8-7)。

一、碾压温度控制

橡胶沥青路面摊铺属于薄层摊铺，橡胶沥青本身又具有特殊性，因此控制碾压时的温度，对整个碾压质量有着至关重要的作用。沥青混合料如果温度较高，会使混合料过软，铺层承载能力不够，易于造成碾压轮对混合料的推移，影响碾压的平整度；碾压过晚，混合料温度过低，在后续碾压时混合料已冷却，使最终碾压密实度达不到要求(图8-8)。因此要严格控制沥青混合料碾压温度,才能保证沥青混凝土路面的质量。

图8-7　现场碾压照片

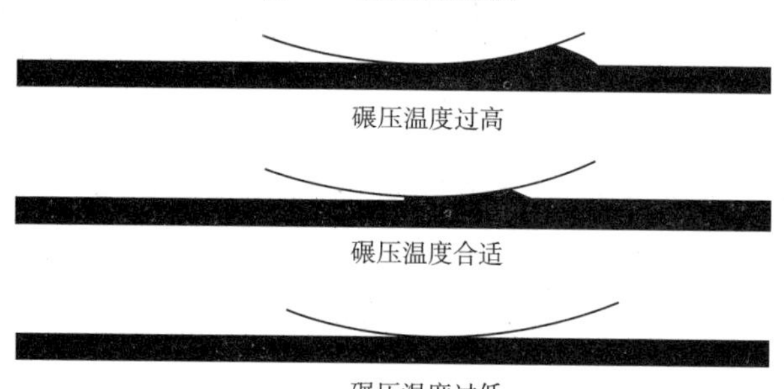

图8-8　碾压时出现的不同情况

最终根据以上分析得出碾压温度见表8-3。

碾 压 温 度　　表8-3

项　　目	温 度 控 制	项　　目	温 度 控 制
初压温度(℃)	≥160	终压温度(℃)	≥110
复压温度(℃)	≥140	开放交通温度(℃)	≤50

二、碾压工艺

碾压工艺在整个施工过程中占有重要地位，选择合理高效的碾压工艺对保证路面性能具有决定性意义。碾压工艺的选择包括压实机械、组合工艺、碾压遍数等。

橡胶颗粒使橡胶沥青路面有弹性，碾压比较困难。此外，由于橡胶粉的加入，使得橡胶沥青混合料在高温状态下对轮胎的黏性大大增加，而且碾压完成后橡胶颗粒存在一定程度的回弹，因此，碾压工艺与普通沥青混合料有所不同，需要有一定的调整。

在橡胶沥青的室内成型工艺中，马歇尔型法所成型的试件的指标均能达到路用要求，所以研究人员所制定的碾压工艺是参照室内马歇尔试件成型所定：初压，钢轮静压 2 遍；复压，钢轮前静后振压实 5 遍；终压，光轮静压一遍，将路面收光，终压温度不得低于 110℃。

1. 初压控制

初压必须使用钢轮静压，因为初压温度比较高，橡胶沥青特别容易黏轮。压路机上应装有洒水装置，能够均匀洒水，确保路面压实过程施工质量。但洒水量也不能太多，防止路面温度下降太快。

当道路两侧有路缘石，中间有一定的路拱时，应先靠近一侧路缘石开始碾压，使边上的混合料有一定支撑能力，然后依次向中央碾压，这样可以防止混合料横向、边侧推移，保持路面的路拱形状，压路机碾压行走路线接近道路的中央后，从另一侧道路边缘开始碾压，依次向中央碾压，直至将中央处碾压完成。整个路面完全碾压一遍后，再从边缘开始第二遍的碾压。

一侧有路缘石另一侧没有路缘石的碾压顺序：①碾压前先用耙子将边缘的沥青混合料向内推，使混合料的边缘整齐饱满。②压路机先从无侧限处开始碾压，但边缘先空出 20～30cm 宽暂不碾压，往返碾压一次。③然后压路机从路缘石开始，依次向道路中间碾压，碾压至无侧限处，将压路机大部分重量位于已压实处，碾压轮外侧伸出边缘 10cm 碾压，如此对边缘混合料来回碾压一遍，将无侧限边缘的混合料压实，同时保证边缘处的平整度。

初压终了温度应控制在 160℃以上。

2. 复压控制

采用双钢轮振动压路机的压实法。

(1)复压时开启振动器，采用振动压实，以提高压实效率。①振动力大小应适当,过大的振动力会使碾压轮跳离地面,这样压实效率反而降低,出现这种情况的表现是压路机横向移动,难以控制。②沥青混合料不能有压碎现象,出现压碎现象时,驾驶员能够感觉到压路机钢轮振动剧烈。

(2)橡胶沥青路面摊铺厚度4cm,并且具有回弹性质,此时复压温度相对比较高,建议振动频率和振幅选用高频低幅,提高路面压实效果。

(3)碾压时应随时观察实际压实效果。

(4)复压碾压轨迹,由于碾压遍数多,应采用错轴碾压方法。

(5)复压碾压重叠量,通过控制碾压重叠量调整碾压遍数。

复压时混合料已达到一定的密实度,面层已具有一定的承载能力,碾压速度应逐渐加快。压实遍数通过试验段试压确定,以达到规定的密实度为准,碾压5遍。

3.终压控制

(1)终压时可采用16t双钢轮压路机静压,采用振动压路机应关闭振动装置。

(2)碾压遍数:终压1遍,直至消除压路机碾压轮迹。

第四节　本 章 小 结

本章主要是结合橡胶沥青混合料的特性,针对橡胶沥青路面的结构进行橡胶沥青路面施工分析。通过对拌和、摊铺、碾压的系统分析,得出适合我国北方地区橡胶沥青混合料的施工工艺。

(1)橡胶沥青在拌和前需加热到175~190℃,集料加热到180~195℃,混合料出厂温度为180~195℃,湿拌时间为50s,此时混合料孔隙率最小。

(2)橡胶沥青混合料摊铺时,通过摊铺机平衡梁控制横坡和纵坡,最佳摊铺速度为2~2.5m/mim,此时混合料最稳定不易发生离析。

(3)碾压时采用16t双钢轮压路机,采用“251”组合工艺,即初压两遍(静压),复压五遍(半静压),终压一遍(静压)。初压终了温度控制在160℃以上,复压终了温度控制在140℃以上,终压温度控制在110℃以上。

参 考 文 献

[1] 杨人凤,刘平.橡胶沥青技术的发展与应用[J].筑路机械与施工机械化,2009,26(2):14-17.

[2] 黄文元,张隐西.道路路面用橡胶沥青的性能特点与指标体系[J].中南公路工程,2007,32(1):111-114.

[3] 孔宪明,崔海滨.废胶粉改性沥青在防水材料中的应用前景[J].中国建筑防水,2006,8:14-17.

[4] 谢洪斌.橡胶沥青在复合式路面中的应用技术研究[D].重庆:重庆交通大学,2008.

[5] 孔宪明,林元奎.废胶粉改性沥青应用的若干问题研究[J].中国建筑,2006:43-46.

[6] 郭朝阳.废胎胶粉橡胶沥青应用技术研究[D].重庆:重庆交通大学,2008.

[7] 孙大权,金福根,徐晓亮,等.橡胶沥青路面湿法和干法技术研究进展[J].石油沥青,2005,22(6):1-4.

[8] 白国涛.橡胶沥青技术概述[J].北方交通,2005,9:14-16.

[9] 吕伟民.橡胶沥青路面技术[M].北京:人民交通出版社,2011.

[10] 王旭东,李美江,路凯冀,等.橡胶沥青及混凝土应用成套技术[M].北京:人民交通出版社,2008.

[11] Scott Schuier,Cindy Estakhri. Recycled Tire Rubber As An Asphalt Modified. Use of waste materials in Hot-Mix Asphalt,ASTM STP 1993,1993.

[12] Epps Jon A. Ues of Recsycled Rubber Tire in Highways. NCHRP Synthesis of Highway Practice [R] No 1988. Transportation Research Board,Washington,DC 1994.

[13] 中华人民共和国行业标准.JTJ 003-86 公路自然区划标准[S].北京:人民交通出版社,1986.

[14] 陆晶晶.橡胶沥青性能影响因素与改性机理研究[D].西安:长安大学,2010.

[15] 中华人民共和国行业标准.JTJ 014-97 公路沥青路面设计规范 [S].北京:人民交通出版社,1997.

[16] 郄磊堂,吴正莺,王新宽.废旧橡胶粉改性沥青混合料的性能研究[J].科技探索,2010,369:107-112.

[17] 沈金安.道路沥青及沥青混合料的气候分区及关键性技术指标[J].中国公路学报,1997,10(1):1-9.

[18] 学展. 新型橡胶粉材料(橡维联)在沥青混合料中的应用研究[D]. 西安:长安大学,2012.

[19] 北京市路政局. 北京市废胎胶粉沥青及混合料设计施工技术指南[M]. 北京:人民交通出版社,2006.

[20] 夏玮. 废胶粉改性沥青及沥青混合料路用性能研究[D]. 重庆:重庆交通大学,2009.

[21] 陈翔. 橡胶沥青及其混合料性能研究[D]. 西安:长安大学,2011.

[22] 黄文元. 轮胎橡胶粉改性沥青路用性能及应用研究[D]. 上海:同济大学,2004.

[23] 中华人民共和国行业标准. JTG F40—2004 公路沥青路面施工技术规范[S]. 北京:人民交通出版社,2004.

[24] 薛振华. 橡胶颗粒沥青混合料除冰雪性能的研究[D]. 呼和浩特:内蒙古农业大学,2009.

[25] 周纯秀. 冰雪地区橡胶颗粒沥青混合料应用技术的研究[D]. 哈尔滨:哈尔滨工业大学,2006.

[26] 沈金安. 沥青及沥青混合料用性能[M]. 北京:人民交通出版社,2001.

[27] 王静. 废橡胶粉改性沥青的室内加工工艺研究[D]. 西安:长安大学,2010.

[28] 陈子建. 橡胶沥青低温性能研究[J]. 公路,2010.

[29] 周纯秀,谭忆秋,辛星. 废橡胶颗粒沥青混合料级配组成的优化[J]. 合成橡胶工业,2006(10).

[30] 沈金安. 关于橡胶粉改性沥青的生产[J]. 中国橡胶,7(6).

[31] 郑向雷. 沥青混合料高温特性研究[D]. 西安:长安大学, 2006.

[32] 尹永胜. 低噪声沥青路面研究[D]. 西安:长安大学,2005.

[33] 杨志峰,李美江,王旭东. 废旧橡胶粉在道路工程中应用的历史和现状[J]. 公路交通科技,2005.

[34] 吕伟民. 沥青混合料设计原理与方法[M]. 上海:同济大学出版社,2001.

[35] 黄文元. 轮胎橡胶粉改性沥青路用性能及应用研究[D]. 上海:同济大学,2004.

[36] 贾渝. 高性能沥青路面 superpave 技术实用手册[M]. 南京:江苏省交通科学研究院,2002.

[37] 王旭东,沙爱民,许志鸿. 沥青路面材料动力特性与动态参数[M]. 北京:人民交通出版社,2003.

[38] 张小英,徐传杰,孔宪明. 废橡胶粉改性沥青研究综述[J]. 石油沥青,2004.

[39] 吕伟民. 应用胶粉沥青捕筑 SMA 路面[J]. 上海公路,2008.

[40] 王伟. 橡胶沥青混合料高温性能研究[D]. 上海:同济大学,2008.

[41] AASH-02. Grading or Verifying the Performanee Gradeo fan Asphalt Binder. Ameriean Assoeiation of State Highway and Trans Portation Offieials,2002.

[42] 李宇峙,黄敏,黄云涌. 橡胶沥青混凝土(干法)压实特性及高温稳定性室内试验研究[J]. 公路,2003.

[43] 张镇,周和庆,花付南,等. EVOTHERM 温拌混合料温度控制研究[J]. 上海公路,2009(1):51-54.

[44] 叶奋,王宝松,贾晓阳,等. 成型温度对温拌沥青混合料水稳定性的影响[J]. 建筑材料学报,2009,12(3):302-305.

[45] 张斌. 沥青混凝土路面低温施工技术[J]. 筑路机械与施工机械化,2002,19(3):24-25.

[46] 周纯秀. 冰雪地区橡胶颗粒沥青混合料应用技术的研究[D]. 哈尔滨:哈尔滨工业大学,2006.

[47] 黄彭,吕伟民. 橡胶粉改性沥青混合料性能与工艺技术研究[J]. 中国公路学报,2001(12).

[48] 中华人民共和国行业标准. JTG E20—2011　公路工程沥青及沥青混合料试验规程[S]. 北京:人民交通出版社. 2000.

[49] 许志鸿,李淑明,高英,等. 沥青混合料疲劳性能研究[J]. 交通运输工程学报,2001(1).

[50] 张丽萍,邱欣,薛亮,等. 废旧轮胎橡胶改性沥青混合料路用性能的室内试验[J]. 沈阳建筑大学学报:自然科学版,2005.

[51] 李兴海. 沥青混合料的热物理特性研究[D]. 哈尔滨:哈尔滨工业大学,2007.